Schöningh

W0039202

EinFach
Deutsch

Theodor Fontane

Irrungen, Wirrungen
... verstehen

Erarbeitet von
Michael Fuchs

Herausgegeben von
Johannes Diekhans
Michael Völkl

Bildnachweis

S. 23, 27, 47, 64: Foto: Helmut Seuffert; S. 28, 43: © picture-alliance/akivi;
S. 29: © picture-alliance/akg-images; S. 56: © ullstein bild – Schöning; S. 63:
Porzellanfabrik Tettau GmbH; S. 73: ullstein bild – Schnellbacher; S. 89: ullstein
bild – Schöning; S. 90: Overberg via wikimedia commons, https://commons.
wikimedia.org/wiki/File:Fontanegrab.JPG; S. 92: © picture alliance/dpa; S. 94:
Jörg M. Unger via wikimedia commons, https://commons.wikimedia.org/wiki/
File:Fontane-Neuruppin-JMUnger.jpg; S. 99: bpk

Sollte trotz aller Bemühungen um korrekte Urheberangaben ein Irrtum
unterlaufen sein, bitten wir darum, sich mit dem Verlag in Verbindung zu
setzen, damit wir eventuell notwendige Korrekturen vornehmen können.

© 2016 Bildungshaus Schulbuchverlage
Westermann Schroedel Diesterweg Schöningh Winklers GmbH
Braunschweig, Paderborn, Darmstadt

www.schoeningh-schulbuch.de
Schöningh Verlag, Jühenplatz 1 – 3, 33098 Paderborn

Das Werk und seine Teile sind urheberrechtlich geschützt.
Jede Nutzung in anderen als den gesetzlich zugelassenen Fällen bedarf der
vorherigen schriftlichen Einwilligung des Verlages.
Hinweis zu § 52a UrhG: Weder das Werk noch seine Teile dürfen ohne eine
solche Einwilligung gescannt und in ein Netzwerk gestellt werden.
Das gilt auch für Intranets von Schulen und sonstigen Bildungseinrichtungen.

Auf verschiedenen Seiten dieses Buches befinden sich Verweise (Links) auf
Internetadressen. Haftungshinweis: Trotz sorgfältiger inhaltlicher Kontrolle wird
die Haftung für die Inhalte der externen Seiten ausgeschlossen. Für den Inhalt
dieser externen Seiten sind ausschließlich deren Betreiber verantwortlich.
Sollten Sie dabei auf kostenpflichtige, illegale oder anstößige Inhalte treffen, so
bedauern wir dies ausdrücklich und bitten Sie, uns umgehend per E-Mail davon
in Kenntnis zu setzen, damit beim Nachdruck der Verweis gelöscht wird.

Druck A 5 4 3 2 1 / Jahr 2020 19 18 17 16
Alle Drucke der Serie A sind im Unterricht parallel verwendbar.
Die letzte Zahl bezeichnet das Jahr dieses Druckes.

Umschlaggestaltung: Nora Krull, Bielefeld
Umschlagbild: Foto ©MEYER ORIGINALS
Druck und Bindung: westermann druck GmbH, Braunschweig

ISBN 978-3-14-022478-9

Inhaltsverzeichnis

An die Leserin und den Leser

Liebe Leserin, lieber Leser,

der Roman „Irrungen, Wirrungen" von Theodor Fontane, den Sie möglicherweise in der Schule lesen, ist längst zu einem Klassiker der Literatur geworden. Seine literarische Qualität und seine Bedeutung für das Verständnis der Zeitumstände des ausgehenden 19. Jahrhunderts sind – entgegen den ersten Leserreaktionen – mittlerweile unumstritten.

Dennoch werden Sie vielleicht fragen, ob die dargestellte Problematik einer zur damaligen Zeit unstandesgemäßen Beziehung in der heutigen Gesellschaft noch von Bedeutung ist.

Dabei muss sicherlich zugestanden werden, dass diese Problematik im engeren Sinne heute beschränkt ist auf eine zahlenmäßig eher unbedeutende Oberschicht. Gleichwohl finden solche „Mesalliancen" breiten Raum in der Regenbogenpresse und in der Trivialliteratur.[1]

Es ist wohl aber zu kurz gegriffen, die von Fontane aufgenommene Problematik auf die (Un-)Möglichkeit einer unstandesgemäßen Beziehung zu reduzieren. Es geht Fontane um mehr: Es geht um das grundsätzliche Spannungsverhältnis von gesellschaftlichen Ansprüchen und Normen und dem Verlangen der Individuen, ihr Lebensglück auf persönliche Weise zu finden. Und da zeigt sich, dass auch unsere heutige Gesellschaft trotz aller Fortschritte gegenüber der Zeit Fontanes immer noch Grenzen der Liberalität aufzeigt: Auch heute noch sind Ehen mit einem Partner aus einem anderen Kulturkreis oder gleichgeschlechtliche Beziehungen einem enormen Druck ausgesetzt. Daher kann

---

[1] Zu denken ist z. B. an die Beziehung des britischen Thronfolgers Charles mit der bürgerlichen Camilla Parker Bowles, die möglicherweise verhindert, dass er jemals den Thron besteigen wird.

die Lektüre des Romans „Irrungen, Wirrungen" auch zum Nachdenken über das heutige Verhältnis von individuellem Glück und Ansprüchen der Gesellschaft anregen.

Der vorliegende Band aus der Reihe „EinFach Deutsch – … verstehen" will Ihnen Hilfen bieten bei Ihrem persönlichen Verständnis des Romans. Dazu vermittelt er Ihnen vielfältige Hinweise zum genauen Lesen des Textes hinsichtlich des Inhalts, der Erzähltechnik und der Motivstruktur. Darüber hinaus informiert er Sie über Fontanes Lebensweg und über sein Verständnis davon, was Literatur leisten und wie sie entsprechend gestaltet sein soll.

Nicht zuletzt soll dieser Band Ihnen auch dazu dienen, sich möglichst intensiv auf Klausuren oder die Abiturprüfung vorzubereiten. Hierzu finden Sie in dem Kapitel „Der Roman ‚Irrungen, Wirrungen' in der Schule" das Aufgabenformat Personencharakterisierung und beispielhafte Analysen von Textauszügen. Informierende Übersichten erleichtern Ihnen darüber hinaus eine Einordnung des Romans in den literarischen Kontext.

Ich wünsche Ihnen eine anregende Lektüre dieser Verstehenshilfe.

Michael Fuchs

Der Inhalt im Überblick

Der Roman „Irrungen, Wirrungen", von Fontane beim Vorabdruck in der Vossischen Zeitung noch mit dem Untertitel „Eine Berliner Alltagsgeschichte" versehen, spielt in Berlin um 1875. Er handelt von dem Scheitern der unstandesgemäßen Beziehung zwischen der in Heimarbeit beschäftigten Wäschestickerin und -näherin Lene (eigentlich) Magdalene) Nimptsch und dem jungen Offizier Baron Botho von Rienäcker.

Beide sind sich zwar in aufrichtiger Liebe zugetan, wissen aber, dass ihre Verbindung aufgrund der herrschenden gesellschaftlichen Normen nicht von Dauer sein kann. Höhepunkt und gleichzeitiges Ende ihrer Beziehung ist eine Fahrt zu dem Berliner Ausflugsziel Hankels Ablage, wo sie eine Nacht gemeinsam verbringen. Am nächsten Tag begegnen sie Bothos Klubkameraden mit ihren „Damen". Ihre Beziehung wird damit öffentlich und ist daher nicht mehr haltbar. Einen Tag nach diesem Ausflug erhält Botho einen Brief seiner Mutter, in dem sie ihn auf seine Familienpflicht hinweist, das finanziell angeschlagene Gut der Rienäckers durch eine Heirat mit seiner reichen Cousine Käthe von Sellenthin zu retten. Botho entschließt sich zu dieser Heirat und beendet die Beziehung zu Lene.

Der zweite Teil des Romans erzählt das weitere Schicksal der Hauptfigur. Botho heiratet seine vom Erzähler als sehr redselig und oberflächlich beschriebene Cousine. Seine Ehe mit ihr ist zwar nicht unglücklich, aber letztlich gelingt es ihm nicht, die Beziehung zu Lene zu verarbeiten.

Lene zieht, nachdem sie Botho und Käthe – von diesen unbemerkt – auf der Straße begegnet ist und daraufhin einen Zusammenbruch erlitten hat, in einen anderen Stadtteil, sodass es zu keiner weiteren Begegnung zwischen ihr und Botho kommt. Sie geht eine Versorgungsehe mit dem Fabrikmeister Gideon Franke ein, einem Konventikler[1] mit strengen moralischen Grundsätzen, der sich aber gleichwohl über Lenes Vergangenheit, die sie ihm erzählt, hinwegsetzt. Über den Verlauf dieser Ehe erfährt der Leser nichts.

---

[1] Angehöriger einer religiösen Sekte

Die Personenkonstellation

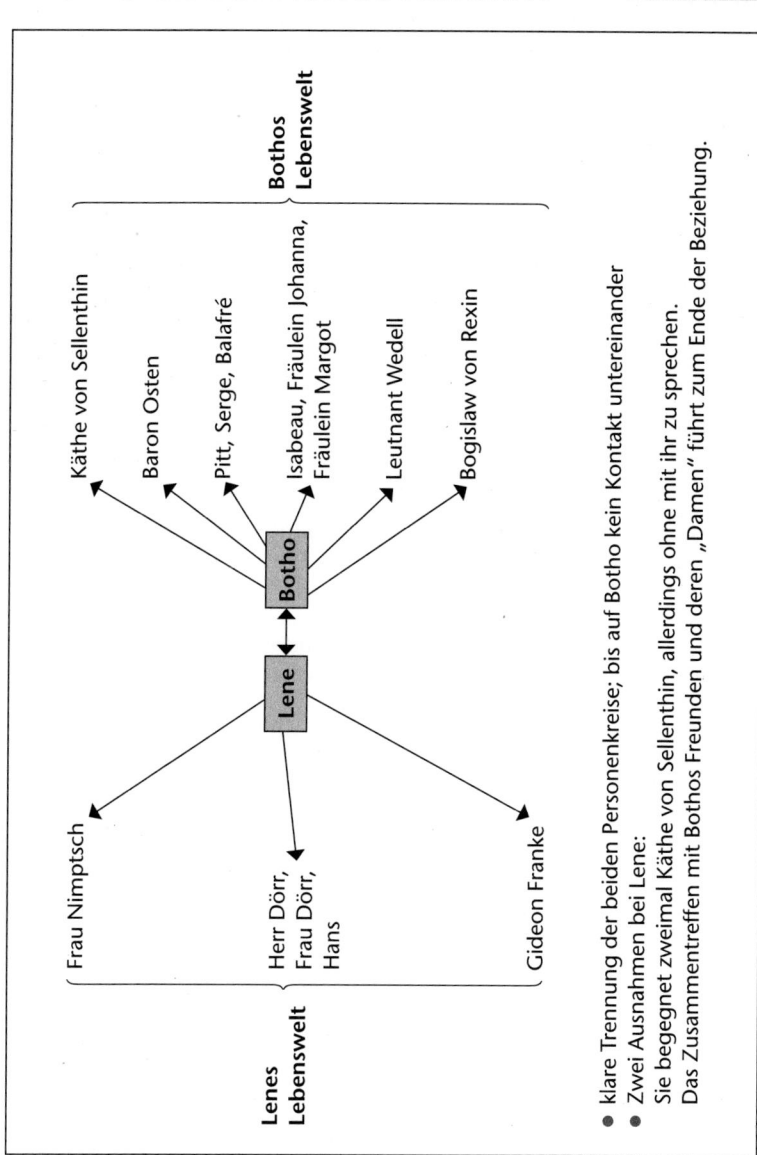

Lenes Lebenswelt

Frau Nimptsch

Herr Dörr, Frau Dörr, Hans

Gideon Franke

Lene

Botho

Käthe von Sellenthin

Baron Osten

Pitt, Serge, Balafré

Isabeau, Fräulein Johanna, Fräulein Margot

Leutnant Wedell

Bogislaw von Rexin

Bothos Lebenswelt

- klare Trennung der beiden Personenkreise; bis auf Botho kein Kontakt untereinander
- Zwei Ausnahmen bei Lene:
  Sie begegnet zweimal Käthe von Sellenthin, allerdings ohne mit ihr zu sprechen.
  Das Zusammentreffen mit Bothos Freunden und deren „Damen" führt zum Ende der Beziehung.

Inhalt, Aufbau und erste Deutungsansätze

Die Gesamtstruktur des Romans

Die Romanhandlung weist eine klar zu erkennende Zweiteilung auf: Die ersten fünfzehn Kapitel handeln von Lenes und Bothos Beziehung und deren Scheitern, die letzten elf Kapitel von der inneren Bewältigung des Scheiterns der Beziehung, wobei sich der Erzähler hauptsächlich auf Botho konzentriert.

Doch auch innerhalb dieser Teile ist eine Feingliederung der Handlung zu erkennen, die den Roman als ein kompositorisches Ganzes erscheinen lässt. Die Feingliederung zeigt die folgende Tabelle:

Handlungsübersicht des Romans „Irrungen, Wirrungen"

	Kapitel	Inhalt
	1 – 3	Lenes Lebenswelt
	4 – 5	Lene und Botho in der Gärtnerei
	6 – 8	Bothos Lebenswelt
1. Teil: Liebesbeziehung Lene – Botho	9 – 10	Lene und Botho über ihre Beziehung
	11 – 13	Der Ausflug zu Hankels Ablage – Höhepunkt bzw. Ende der Beziehung
	14 – 15	Die Trennung
2. Teil: Verarbeitung der Trennung	16 – 20	Bothos und Lenes neue Lebenswelten
	21 – 25	Bothos vergeblicher Versuch, die Trennung von Lene zu verarbeiten, und Käthes Erlebnisse während der Kur
	26	Lenes Hochzeit – Bothos Reaktion

Die Zweiteilung macht die Thematik des Romans deutlich: Es geht nicht allein um die Darstellung der Schwierigkeit bzw. Unmöglichkeit einer unstandesgemäßen Beziehung, sondern auch und gerade um die Konsequenzen des Scheiterns einer solchen Beziehung für die betroffenen Personen. Lene spricht diese Konsequenz deutlich aus: „Dann lebt man ohne Glück." (S. 106, Z. 18)[1] Es geht also um die Möglichkeit bzw. Unmöglichkeit, individuelles Glück gegen die Konventionen der Gesellschaft verwirklichen zu können.

Lenes Lebenswelt (1.–3. Kapitel)
In diesen Kapiteln wird der Leser in Lenes Lebenswelt eingeführt.

1. Kapitel
Fontane hat dem Anfang seiner Romane einen besonderen Stellenwert zugeschrieben, indem er an ihn den Anspruch stellte, dass die erste Seite bzw. das 1. Kapitel bereits den „Kern des Ganzen" beinhalten müsse. Unter diesem Gesichtspunkt soll hier das erste Kapitel betrachtet werden.

Romanbeginn als „Kern" des Ganzen

Es beginnt, wie viele Romane Fontanes, mit einer detaillierten Beschreibung des Schauplatzes der Handlung, hier des Gärtnereianwesens der Dörrs, auf dem Lene und ihre Pflegemutter zur Miete wohnen. Der erste Satz gibt den genauen Standort der Gärtnerei an, sodass diese auf einem Stadtplan zu lokalisieren ist (vgl. S. 5, Z. 1 ff.). Zugleich gibt der Erzähler noch einen Hinweis auf das Jahr, in dem die Handlung spielt. Er macht dabei aber deutlich, dass diese Handlung schon etwas länger zurückliegt („befand sich in der Mitte der siebziger Jahre *noch* [Hervorhebung; M.F.] eine große, feldeinwärts sich erstreckende Gärtnerei", S. 5,

Detaillierte Ortsbeschreibung

---

[1] Sämtliche Stellenangaben beziehen sich auf die im Literaturverzeichnis aufgeführte Textausgabe des Schöningh Verlags.

Z. 3 f.), dass er also aus einer zeitlichen Distanz berichtet. Offensichtlich existiert die Gärtnerei zum Zeitpunkt des Erzählens nicht mehr.

Spannung aus Sichtbarem und Verborgenem

Betrachtet man den ersten Abschnitt des Romans, so fällt vor allem die Spannung aus Sichtbarem und Verborgenem auf. Das Wohnhaus, in dem Lene mit ihrer Mutter lebt, liegt zwar „um etwa hundert Schritte" von der Straße zurück, kann aber trotzdem „sehr wohl erkannt werden" (S. 5, Z. 5 ff.). Die eigentliche Gärtnerei aber ist durch das Wohnhaus „wie durch eine Kulisse versteckt" (S. 5, Z. 12). Allein ein „Holztürmchen" (S. 5, Z. 13) lässt vermuten, dass hinter dem Wohnhaus noch etwas „verborgen sein müsse" (S. 5, Z. 16), was durch auffliegende Tauben und Hundegebell bestätigt wird. Allerdings ist der Hund selbst nicht auszumachen, obwohl durch die offen stehende Haustür des Wohnhauses ein Stück des Hofes zu sehen ist. Diese Ortsbeschreibung mit dem Spiel von Sichtbarem und Verborgenem wird von dem Erzähler zusammengefasst: „Überhaupt schien sich nichts mit Absicht verbergen zu wollen und doch musste jeder, der zu Beginn unserer Erzählung des Weges kam, sich an dem Anblick des dreifenstrigen Häuschens und einiger im Vorgarten stehenden Obstbäume genügen lassen." (S. 5, Z. 24 ff.)

Standort des Erzählers

Standort des Erzählers ist die Straße, die zum Tiergarten führt, einem Ort, an dem die Öffentlichkeit präsent ist. Von diesem Standpunkt aus ist die Gärtnerei nicht einzusehen. In der Gärtnerei aber finden die Treffen von Lene und Botho statt, nur hier können sie allein und ungestört miteinander reden. Ihre Liebesbeziehung, das wird sich im weiteren Verlauf der Handlung erweisen, spielt sich heimlich, fern von der Öffentlichkeit ab. Gleichwohl nimmt die Öffentlichkeit aber eine beobachtende, fast lauernde Position ein (man beachte das Spiel des Erzählers mit Sichtbarem und Verborgenem), sodass es nur konsequent ist, dass die gesellschaftlich nicht tolerierte Beziehung genau in dem

Funktion der Öffentlichkeit

Moment ihr Ende findet, als sie öffentlich wird, nämlich beim Zusammentreffen von Botho und Lene mit Bothos Kameraden und deren „Damen" in Hankels Ablage (siehe Kapitel 13 f.).

Der erste Absatz des Romans, so lässt sich zusammenfassen, führt also nicht nur in den Schauplatz der Handlung ein, sondern symbolisiert gleichzeitig eine Grundthematik des Romans, nämlich die Unmöglichkeit, eine in den Augen der Gesellschaft unstandesgemäße Beziehung in der Öffentlichkeit zu leben.

Unstandesgemäße Beziehung als Grundthematik

Der zweite Teil des Kapitels spielt im Wohnraum von Frau Nimptsch, Lenes Pflegemutter, und schildert ein Gespräch zwischen Frau Dörr und Frau Nimptsch. In diesem Gespräch werden zum einen die beiden Hauptfiguren des Romans, Lene und Botho, eingeführt, zum anderen erzählt Frau Dörr von ihrer Vergangenheit.

Einführung der Handlungsfiguren

Der Leser erfährt von Frau Nimptsch, dass Lene mit einem Mann ausgegangen ist, sein Name und Beruf werden jedoch noch nicht genannt. Allerdings findet sich wieder der Hinweis auf etwas Verborgenes, denn Lene und ihr Begleiter gehen laut Aussage von Frau Nimptsch „den Fußweg lang, da kommt keiner" (S. 7, Z. 6). Als Frau Dörr hört, dass Lene und ihr Begleiter bald zurückkehren werden, will sie gehen, doch Frau Nimptsch bittet sie zu bleiben. Wichtig ist ihr Zusatz: „Sie wissen ja, der is nicht so" (S. 7, Z. 10). Der Leser bekommt hier einen ersten Hinweis, dass es sich bei dem Begleiter von Lene um eine sozial höhergestellte Person handeln muss, die allerdings keine Standesdünkel pflegt, sondern sozial niedrigergestellte Personen als gleichberechtigt akzeptiert. Frau Dörr bestätigt diese Einschätzung und fragt nach, wie es um die Beziehung stehe.

Lene und ihr noch unbekannter Begleiter

Frau Nimptsch äußert nun die Befürchtung, dass sich Lene „was" einbildet (vgl. S. 7, Z. 13 f.). Hierdurch wird wiederum der Eindruck hervorgerufen, dass Lene und ihr Begleiter nicht auf einer sozialen Stufe stehen und somit eine

Frau Nimptschs Befürchtung, Lene bilde sich etwas ein

Beziehung zwischen beiden mit Schwierigkeiten verbunden ist, die Lene aber, wenn man Frau Nimptsch Glauben schenkt, nicht wahrhaben will.

Frau Dörr bestätigt und verstärkt noch Frau Nimptschs Befürchtungen, indem sie darauf verweist, dass es „das Schlimme" (S. 7, Z. 19) sei, wenn sich jemand, gemeint ist aber wohl die Frau, einbilde, eine Beziehung zwischen sozial ungleichen Personen könne gut gehen. Zur Bekräftigung ihrer Meinung verweist sie auf ihre eigene Erfahrung.

Frau Dörrs Vergangenheit

Offensichtlich hatte auch sie eine Beziehung zu einer sozial höhergestellten Person, einem Adeligen, ohne sich allerdings einzubilden, der Mann habe sie heiraten wollen. Da sie sich nichts eingebildet habe, sei die Beziehung auch problemlos beendet worden, und deshalb sei sie jetzt mit ihrem Mann verheiratet, der, so viel weiß der Leser schon, sozial gleichgestellt ist mit ihr.

Frau Dörr vergleicht ihre Beziehung mit dem Grafen (vgl. S. 8, Z. 7) mit Lenes Beziehung. Sie stellt heraus, dass der Graf sie sexuell belästigt habe (vgl. S. 8, Z. 9 ff.) und dass sie sich nun umso mehr schäme, wenn sie dies mit dem Verhalten des „Barons" (S. 8, Z. 14) vergleiche. Die Vermutung, dass es sich bei Lenes Begleiter um eine höhergestellte Person handelt, wird hier also bestätigt. Und nochmals wird bestätigt, dass Lenes Begleiter anders als die anderen Männer seines Standes ist, dass er es also ernst meint mit der Beziehung zu Lene und sie nicht als bloße Geliebte

Charakterisierung Lenes durch Frau Dörr

sieht. Im Folgenden charakterisiert Frau Dörr Lene, und diese Charakterisierung wird sich im Verlauf der Handlung immer wieder bestätigen. Lene sei zwar kein „Engel" (S. 8, Z. 17) – offensichtlich hat Lene schon zuvor Beziehungen gehabt –, aber sie sei für „Ordnung un fürs Reelle" (S. 8, Z. 18). Sie sei keine Frau mit ständig wechselnden Beziehungen, sondern nehme jede Beziehung „ernsthaft" und tue „alles aus Liebe" (S. 8, Z. 23). Frau Dörr wertet diesen Charakterzug Lenes als „schlimm" (S. 8, Z. 24). Sie deutet damit an, dass Lenes Beziehung keinen Bestand hat und Lene unglücklich werden kann. Allerdings schränkt sie ihre Andeutung gleich wieder ein, indem sie über Lenes Herkunft spekuliert. Der Leser erfährt, dass Lene nicht die leibliche Tochter von Frau Nimptsch ist und von daher vielleicht auch eine Prinzessin sein könnte. Die Handlung erhält durch diese Spekulation einen Zug des Märchenhaften mit dem Motiv einer verwunschenen Prinzessin, die durch einen Prinzen (bzw. hier durch einen Baron) erlöst werden muss. Verstärkt wird die Anspielung auf Märchen noch dadurch, dass Frau Nimptsch die Gärtnerei als „Schloss" bezeichnet (S. 6, Z. 23 ff.). Das Motiv des Märchenhaften kann der Leser als Ausdruck des Unerfüllbaren verstehen, aber auch als Hinweis auf ein mögliches Happy End, wie es im Märchen die Regel ist.

Lenes unbekannte Herkunft

Märchenhaftes

Frau Nimptsch mag dieser Spekulation allerdings keinen Glauben schenken; das Gespräch über Lenes Herkunft wird aber nicht weiter fortgesetzt, da sich das Paar dem Wohnhaus nähert. Der Leser erhält zunächst von Frau Dörr eine weitere Beschreibung von Lenes Begleiter, der wohl ein ranghöherer Soldat ist, nun aber nur in Zivil gekleidet ist. Frau Dörr ist allerdings der Ansicht, dass man auch ohne Uniform den sozialen Stand erkennen könne, und kommentiert: „Aber man sieht es doch!" (S. 8, Z. 32 f.) Damit wird schon angedeutet, was sich erst im weiteren Verlauf der Handlung deutlicher zeigen wird: Bothos Handeln ist wesentlich von seiner sozialen Herkunft bestimmt, er kann sich ihrem Einfluss nicht entziehen. Dann beschreibt sie den Abschied des Paares und deutet nochmals auf den besonderen Charakter des Mannes hin, indem sie ihn mit ihrem ehemaligen Liebhaber vergleicht: „Nei, so war meiner nich." (S. 8, Z. 38) Diese Aussage wiederum lässt offen, ob es Botho nicht doch gelingen wird, sich über seine Herkunft hinwegzusetzen und sich auch öffentlich zu Lene zu bekennen.

Frau Dörrs Eindruck von Botho

Botho: Zusammenhang von Handeln und sozialer Herkunft

Mit Lenes Ankunft bei den beiden Frauen endet das 1. Kapitel.

Fragen des Lesers am Ende des 1. Kapitels
Mit dem 1. Kapitel eröffnet sich dem Leser eine Reihe von Fragen zur Handlung des Romans. Wer ist Lenes Begleiter? Wird die Beziehung Bestand haben können und es zu einem Happy End kommen (vgl. Frau Dörrs Anspielung auf Märchen) oder wird die Beziehung scheitern? Was wäre dann der Grund für das Scheitern der Beziehung? Einen möglichen Hinweis auf dieses Scheitern kann man darin sehen, dass Lene und ihr Begleiter dem Leser in einer Situation des Abschiednehmens vorgestellt werden. Gleichzeitig wird aber deutlich, dass es sich bei der Beziehung offensichtlich um eine wirkliche Liebesbeziehung handelt.

Hier muss man sich die sozialen Unterschiede zum Zeitpunkt der Entstehung des Romans vor Augen halten: Eine Beziehung zwischen einem adeligen Mann und einer Frau aus der unteren Schicht war allenfalls als flüchtiges Verhältnis, nicht aber als legitimierte Verbindung denkbar. Insofern spricht das 1. Kapitel bereits ein Thema an, das durchaus brisant war.

2. Kapitel

Funktion des 2. Kapitels: Milieuschilderungen
Im 2. Kapitel steht mit Herrn Dörr, dem Ehemann von Frau Dörr, eine Nebenperson im Mittelpunkt, die keinen weiteren Einfluss auf die Handlung haben wird. Es gehört zu dem erzähltechnischen Verfahren Fontanes – nicht nur in dem vorliegenden Roman –, anhand der Nebenpersonen einerseits das Milieu, in dem die Handlung spielt, weiter zu verdeutlichen, andererseits aber auch für den aufmerksamen Leser Hinweise für den Fortgang der Handlung zu geben.

Weitere Beschreibung des Gärtnereianwesens
Das Kapitel beginnt zunächst ähnlich wie das 1. Kapitel mit einer Ortsbeschreibung, hier die dörrsche Gärtnerei, die dem Leser eine realistische Vorstellung des Handlungs-

raums geben soll. Gleichzeitig wird mit der Ortsbeschreibung aber auch der im vorigen Kapitel angedeutete märchenhafte Charakter der Handlung widerlegt, denn das von Frau Nimptsch so bezeichnete „Schloss" erweist sich im hellen Tageslicht als ein „jämmerlicher Holzkasten" (S. 9, Z. 13f.), dessen schlossähnlicher Charakter sich nur durch aufgemalte gotische Fenster ergibt und dessen Funktion darin bestanden hat, Bohnenstangen, Gießkannen und Kartoffeln aufzubewahren (vgl. S. 9, Z. 21ff.). Recht schnell wird dem Leser also andeutet, dass es ein märchenhaftes Happy End in der Form, dass Lene von Geburt her einer höheren Schicht zugehörig ist, nicht geben wird. Dies entspricht dem Literaturverständnis Fontanes, wonach die Handlung „realistisch" sein muss, dem wirklichen Leben entnommen.[1]

Der Leser erfährt, dass die Dörrs gemeinsam mit dem geistig behinderten Sohn von Frau Dörr aus erster Ehe in dem „Holzkasten" unter sehr einfachen, der Erzähler spricht von „primitive[n]" (S. 9, Z. 30), Verhältnissen leben. Zu dieser Schlichtheit passen auch die Produkte, die Herr Dörr in seiner Gärtnerei anbaut, denen, wie der Erzähler kommentiert, „die Spargelanlagen abgerechnet, alles Feinere fehlte" (S. 10, Z. 24f.). Das gilt auch für das Äußere Dörrs, für das, so der Erzähler, „die Natur, soweit Äußerlichkeiten in Betracht kamen, ganz ungewöhnlich wenig getan hatte" (S. 11, Z. 7ff.). Gleichwohl aber gibt ihm eine „braune Pocke" im Gesicht „was Apartes" (S. 11, Z. 13). Der Begriff des Aparten wird von Fontane häufig als Personenkennzeichnung von Nebenfiguren genutzt. Der Begriff „apart" stammt ursprünglich aus dem Französischen und bedeutet zunächst *beiseite, abgesondert*, wurde dann aber erweitert zu *von eigenartigem Reiz*. Frau Dörr betont ebenfalls

(Randspalte:) Desillusionierung des Märchenhaften

(Randspalte:) Herrn Dörrs äußere Erscheinung

---

[1] Nähere Informationen zu Fontanes Literaturverständnis finden sich in dem Kapitel „Fontanes Konzept des poetischen Realismus", S. 98.

das Besondere des äußeren Erscheinungsbildes ihres Mannes, allerdings in ihrer einfachen Sprache: „Schrumplich is er man, aber von links her [da, wo die Pocke sitzt; M.F.] hat er so was Borsdorfriges." (S. 11, Z. 15 f.) Mit Borsdorfer wird eine der ältesten Apfelsorten in Europa bezeichnet, wobei diese Äpfel oft braune Flecken haben (vgl. die braune Pocke bei Dörr), deren Schale auch leicht schrumpelig wird, die aber gleichwohl als sehr wohlschmeckend gelten.

Herrn Dörrs Charaktereigenschaft

Dem Besonderen in seinem äußeren Erscheinungsbild entspricht eine Besonderheit seines Charakters, auf die der Erzähler ausdrücklich hinweist: „Er war überhaupt ein Original, von ganz selbstständigen Anschauungen und einer entschiedenen Gleichgültigkeit gegen das, was über ihn gesagt wurde." (S. 10, Z. 31 ff.) Dörr kümmert sich also nicht darum, welche Ansichten in der Gesellschaft, in der er lebt, vorherrschen. Der Erzähler macht dies auch gleich an einem Beispiel deutlich, das wieder ein Grundthema des Romans anspricht: die unstandesgemäße Beziehung. Dörr hat seine Frau mit dem Wissen geheiratet, dass sie ein unstandesgemäßes Verhältnis zu einem Grafen hatte. Obwohl dies nicht den gesellschaftlichen Konventionen entsprach, stört ihn das nicht, es war für ihn im Gegenteil der „Vollbeweis ihrer Unwiderstehlichkeit" (S. 11, Z. 4). Im Übrigen macht Dörr kein Aufheben von seinem Aussehen, sondern trägt stets eine Mütze, deren Schirm so tief ins Gesicht gezogen ist, dass die Pocke nicht zu sehen ist (vgl. S. 11, Z. 17 ff.).

Konkretisierung der Charaktereigenschaft

Dieser allgemeinen Charakterisierung durch den Erzähler bzw. durch Frau Dörr folgt nun eine konkrete Episode aus dem Leben Dörrs, die seine Charakteranlage anschaulich macht.

Der Nachbarshund dringt auf das Gelände der Gärtnerei ein und scheucht die Hühner samt Hahn auf, der sich auf einen Baum flüchtet und um Hilfe kräht. Der Erzähler betont, dass es sich bei dem Hahn um den „Liebling" von Dörr handelt (S. 12, Z. 7). Dörr macht nun seinen Hund los, der den Nachbarshund vertreibt. Der Hahn jedoch bleibt auf dem Baum sitzen, und der Erzähler berichtet, dass er „den Silberhals so stolz [warf], als ob er den Hühnern zeigen wolle, dass seine Flucht in den Birnbaum hinein ein wohlüberlegter Coup oder eine bloße Laune gewesen sei" (S. 13, Z. 6 ff.). Dörr wiederum kommentiert diese Szene mit den Worten: „Jott, so'n Hahn. Denkt nu auch wunder, was er is. Un seine Courage is doch auch man soso." (S. 13, Z. 10 f.) Der Hahn steht hier wohl für einen Mann, der sich als Frauenheld versteht, den aber der Mut verlässt, sobald sich geringer Widerstand zeigt (der Nachbarshund wird von dem Erzähler als „Affenpinscher" bezeichnet, S. 12, Z. 23 f.). Diese Situation könnte man auf das Verhalten des ehemaligen Liebhabers von Frau Dörr beziehen. Der Leser kann sich aber auch die Frage stellen, ob dieses Verhalten auch für Lenes Begleiter (dessen Name ja immer noch nicht genannt worden ist) zutreffend ist.

Insgesamt erfüllt das 2. Kapitel zwei Funktionen: Auf der einen Seite wird das soziale Milieu, in dem Lene sich bewegt, noch einmal sehr deutlich charakterisiert. Dabei wird sich zeigen, dass die Schlichtheit des Lebens in dem Gärtnereianwesen in scharfem Kontrast zu der luxuriösen Lebenswelt von Botho steht, die im 4. bis 6. Kapitel dargestellt wird.

Auf der anderen Seite wird das Grundthema des Romans angesprochen, die unstandesgemäße Beziehung. Herr Dörr erweist sich als jemand, der sich über die gesellschaftlichen Konventionen hinwegsetzt und eine solche Beziehung nicht verurteilt.

Grundthema des Romans

Der Erzähler selbst scheint eine gewisse Sympathie für ihn zu hegen, bezeichnet er ihn doch stets mit der vertrauten Bezeichnung „Dörr", die auch Frau Dörr benutzt.

3. Kapitel

Lenes Lebenswelt   Das 3. Kapitel verdeutlicht weiterhin Lenes Lebenswelt. Es lässt sich in zwei Teile gliedern.

Im ersten Teil gibt der Erzähler eine kleine, offensichtlich alltägliche Auseinandersetzung zwischen Frau und Herrn Dörr wieder über die Frage, ob Frau Dörr die Kundschaft mit minderwertigem Spargel täuschen soll. Frau Dörr weigert sich, dies zu tun, und rechtfertigt später ihre Weigerung damit, dass sie solche „Betrügerei" (S. 16, Z. 7 f.)

Wahrhaftigkeit   nicht möge. Sie spricht damit ein Thema an, das auch zwischen Lene und Botho eine Rolle spielen wird, das Thema der Wahrhaftigkeit.

Bericht Lenes, wie sie Botho kennengelernt hat   Der zweite Teil des Kapitels wird durch ein Gespräch zwischen Lene und Frau Dörr bestimmt. Eine wesentliche Funktion dieses Gesprächs ist die Information des Lesers darüber, wie Lene und Botho (den Namen erfährt der Leser im Verlauf des Gesprächs) sich kennengelernt haben. Lene berichtet auf Frau Dörrs Nachfrage ausführlich über das Kentern ihres Bootes während einer Bootspartie und die Rettung durch Botho. Danach wechselt das Gesprächsthe-

Rechtmäßigkeit der Beziehung   ma zu der Frage der Rechtmäßigkeit der Beziehung zwischen Lene und Botho. Lene verweist darauf, dass Frau Nimptsch nichts gegen die Beziehung einzuwenden habe, da die Zeit der Jugend schnell vergehe (vgl. S. 19, Z. 29 ff.). Frau Dörr bestätigt zunächst diese Auffassung, schränkt dann aber sofort diese Ansicht ein: „Das heißt, wie man's nehmen will und nach'm Katechismus is doch eigentlich immer noch besser und sozusagen überhaupt das Beste." (S. 19, Z. 33 ff.) Der Katechismus ist das christliche Glaubensbekenntnis und danach sind nur solche Beziehungen legitim, die in eine Ehe münden können, was bei Lene und Botho aufgrund der Standesschranken nicht möglich ist. Aber auch diese Ansicht schränkt Frau Dörr sofort wieder ein, indem sie darauf verweist, dass man nicht immer nach dem christlichen Glauben leben könne. Wichtig sei aber,

und damit spielt sie erneut auf das Thema „Wahrhaftigkeit" an, dass man „ehrlich is un anständig und Wort hält"
(S. 19, Z. 40 f.). Abschließend warnt sie Lene in zweierlei
Hinsicht. Zum einen müsse man die Konsequenzen einer
solchen Beziehung tragen (vgl. S. 20, Z. 1 f.). Sie führt
nicht aus, welche Konsequenzen sie meint. Gemeint sein
könnte damit, dass eine solche Beziehung nicht öffentlich
gelebt werden kann (dieser Aspekt klingt schon im Ein-
gangskapitel an); gemeint sein könnte aber auch eine gesellschaftliche Ächtung nach einem möglichen Ende der
Beziehung. Zum anderen warnt Frau Dörr Lene vor dem
„Einbilden" (S. 20, Z. 5). Auch hier wird sie nicht konkreter,
doch Lene versteht sie sofort. Und sie entgegnet, dass sie
keinerlei Ansprüche an den Partner stelle, sondern ihr ihre
Liebe zu ihm genug sei. Die Frage, ob Lene tatsächlich so
den Realitäten ins Auge blickt, wie sie hier – und auch an
anderer Stelle (vgl. Kapitel 5) – vorgibt, wird den Leser
noch im weiteren Verlauf der Handlung beschäftigen (vgl.
ihre Begegnung mit Botho und Käthe, Kapitel 16).

Frau Dörrs Warnung

Frau Dörr bestätigt Lenes Aussage und fragt dann nach, ob
Lenes Liebhaber tatsächlich „Botho" heiße, dies sei doch
gar kein christlicher Name (vgl. S. 20, Z. 17). Zum einen
erfährt der Leser hier zum ersten Mal den Namen von Lenes Begleiter. Zum anderen stellt Frau Dörr mit ihrer Aussage, „Botho" sei kein christlicher Name, den Bezug zum
Katechismus her, den sie zuvor erwähnt hat. Indirekt deutet sie an, Botho verhalte sich möglicherweise nicht christ-
lich, indem er Lene nur ausnutzen, aber keine ernsthafte
Beziehung zu ihr haben wolle. Lene widerspricht Frau
Dörrs Einschätzung, dass Botho kein christlicher Name sei.
Doch bevor sie ihre Ansicht begründen kann, wird das Gespräch durch den Postboten unterbrochen.

Bothos unchristlicher Name

Bei dem Abbruch eines Gesprächs handelt es sich um ein
für Fontane typisches Vorgehen, das auch in seinen anderen Romanen zu beobachten ist. Gespräche werden an ei-

Abbruch des Gesprächs

nem bestimmten Punkt abgebrochen, und es bleibt dem Leser überlassen, sich eine Gesprächsfortführung auszudenken. Offen bleibt die Frage, wie Botho sich verhalten wird. Damit ist auch die Funktion des Kapitels angesprochen: Der Leser wird weiter auf das Problem einer unstandesgemäßen Beziehung eingestimmt und damit auf die Frage, wie sich Lene und Botho diesem Problem stellen werden.

Lene und Botho in der Gärtnerei (4.–5. Kapitel)

4. Kapitel

Botho in Lenes Lebenswelt

Im 4. Kapitel wird ein Abend geschildert, den Botho mit Lene, den Dörrs und Frau Nimptsch in der Wohnung von Frau Nimptsch verbringt, also in Lenes Lebenswelt. Botho bemüht sich deutlich, durch sein Verhalten die gesellschaftlichen Schranken zu überspielen, was ihm allerdings letztlich nicht gelingt. Es ist Lene, die sein Verhalten durchschaut und ihn zumindest indirekt darauf hinweist.

Frau Dörr bringt das Thema der gesellschaftlichen Distanz zuerst zur Sprache, noch bevor Botho das Haus betreten hat. Sie befiehlt ihrem Mann, die Pfeife zu löschen: „Un so'n Knallerballer wie deiner, der is nich für jeden." (S. 21, Z. 30 f.) Botho ist eben nicht „jeder", sondern Baron, und so bezeichnet ihn auch der Erzähler, als Botho eintritt (vgl. S. 21, Z. 5), und betont damit gleich den gesellschaftlichen Stand. Sein Hinweis, dass Botho von einer Wettfeier im Klub „sichtlich angeheitert" (S. 22, Z. 1) ist, unterstützt den unterschiedlichen sozialen Stand.

Bothos vergebliches Bemühen um Aufhebung der gesellschaftlichen Distanz

Bothos Begrüßung der Anwesenden dagegen ist durch den jovialen Sprachton Zeichen seiner Bemühung, die Distanz aufzuheben. Vergleicht man allerdings Bothos Sprachstil mit den vorangegangenen Worten Frau Dörrs, so wird deutlich, dass die vermeintliche Vertrautheit („Herr Dörr, mein alter Freund und Gönner", S. 22, Z. 5 f.) illusionären Charakter hat. Und konsequenterweise besteht Frau Dörr darauf, dass ein Baron einen Ehrenplatz haben müsse, was von Botho wiederum abgelehnt wird.

Der nächste gescheiterte Versuch der Aufhebung der Distanz ist in Bothos Gespräch mit Frau Nimptsch zu beobachten. Sie weist seinen Versuch zurück, sich mit ihr auf eine gesellschaftliche Ebene zu stellen. Auf seine Beteuerung, der Platz neben ihr am Feuer sei der beste, antwortet sie: „Ach, du mein Gott [...] Hier am besten! Hier bei 'ner alten Wasch- und Plättefrau." (S. 22, Z. 31 f.) Botho wiederum antwortet darauf mit einem Verweis auf ein Gedicht von Adalbert Chamisso (1781–1838) über dessen „alte Waschfrau" und zeigt damit ungewollt wieder die Kluft zwischen den Ständen, da nicht davon ausgegangen werden kann, dass Frau Nimptsch oder einer der anderen Anwesenden so gebildet sind, dass sie das Gedicht von Chamisso kennen. Weiterhin wird deutlich, wie wenig Botho von der realen Not der Arbeiterschicht wahrnimmt, wenn ihm das Leben in der Gärtnerei „[w]ie Gott in Frankreich" (S. 23, Z. 11 f.) vorkommt.

Ein Abend in der Gärtnerei (Szenenfoto der Aufführung des Theaters „Die Katakombe" aus dem Jahr 2012)

Wie gezwungen – und damit unnatürlich – Bothos Versuche sind, zeigt sich auch in der nächsten Szene, als Lene mit einem Tablett die Getränke hereinbringt, was Botho stört, da es ihm zu „feierlich" ist und er sich „wie [...] im Klub" (S. 23, Z. 22f.) fühlt. Die Überraschung allerdings, die er mitgebracht hat (siehe unten), stammt von einer „großen Herren- und Damenfête" (S. 23, Z. 31f.), die Botho (natürlich ohne Lene!) am Vortag besucht hat.

Entlarvung von Bothos Bemühungen

Die Szene, die am meisten Bothos Bemühungen um Aufhebung der sozialen Distanz entlarvt, ist wohl seine Parodie auf die Tischgespräche einer vornehmen Gesellschaft (nicht zufällig ist es Lene, die das Thema „Sprache" anspricht). Diese Parodie ist von ihm durchaus als Kritik an der Oberflächlichkeit seines Gesellschaftsstandes gemeint. Lene deckt die Vordergründigkeit dieser Kritik auf, indem sie auf Bothos Inkonsequenz hinweist, an solchen Gesellschaften teilzunehmen, bei denen es so „redensartlich" (S. 27, Z. 17) zugehe. Botho weist die Kritik zurück, indem er die (vermeintliche) Ernsthaftigkeit der Geselligkeit im Klub anführt: „Und im Klub ist es wirklich reizend, da hören die Redensarten auf und die Wirklichkeiten fangen an." (S. 27, Z. 24ff.) Wie wenig aber diese Wirklichkeiten mit denen Lenes übereinstimmen, zeigt das Beispiel, das er anführt: „Ich habe gestern Pitt seine Graditzer Rappstute abgenommen." (S. 27, Z. 26f.) Dass man um ein wertvolles Pferd spielt, ist für Lene sicherlich kaum verständlich angesichts ihrer ärmlichen Lebensumstände.

Am ehesten scheint die gesellschaftliche Distanz in der sich anschließenden Tanzszene aufgehoben, doch auch hier ist die Problematik immer noch erkennbar: Die Musik zum Tanz schallt von „drüben" (S. 28, Z. 2), also vom Zoologischen Garten, her. Botho und Lene ist es aber verwehrt, gemeinsam am Ort der Musik – d.h. in der Öffentlichkeit – zu tanzen. Sie sind auf die Abgeschiedenheit des dörrschen Hauses angewiesen.

Festzuhalten bleibt, dass Botho sich zwar redlich bemüht, die gesellschaftliche Distanz zwischen sich und Lene zu überspielen, dass er aber so sehr in seinem gesellschaftlichen Stand verwurzelt ist, dass diese Versuche letztlich fehlschlagen.

Deutlich wird auch, dass Lene dies spürt. Damit ist die Frage gestellt, wie Botho und Lene die Aussichten beurteilen, angesichts dieser Distanz ihr Lebensglück in ihrer Beziehung finden zu können.

Der Erzähler scheint skeptisch zu sein. Er zitiert die Sinnsprüche, die sich in den Knallbonbons finden, die Botho als Überraschung mitgebracht hat. Und insbesondere der zweite Spruch eröffnet die Möglichkeit einer großen Leiderfahrung in der Liebe (vgl. S. 24, Z. 31 f.).

Bothos vergeblichen Bemühungen, die Distanz zu überspielen

5. Kapitel

Das 5. Kapitel zeigt zum ersten Mal Lene und Botho im vertrauten Gespräch, das sie am selben Abend bei einem idyllischen Spaziergang über das Gelände der Gärtnerei führen. Zentrales Thema dieses Gesprächs und auch der Gespräche in den folgenden Kapiteln ist die Frage nach der Möglichkeit, in ihrer Beziehung das Lebensglück zu finden. Dabei ist auffallend, dass es ausschließlich Lene ist, die dieses Thema zur Sprache bringt, während Botho einer klaren Stellungnahme ihr gegenüber eher ausweicht.

Lene und Botho im vertrauten Gespräch

Thema „Lebensglück"

Das Gespräch während des Spaziergangs beginnt eher im Plauderton, indem Lene und Botho auf durchaus liebenswerte Weise über Frau Dörr lästern.

Als Lene eine Früherdbeere, ein „wahre[s] Prachtexemplar[]" (S. 32, Z. 5 f.), findet, nimmt sie die Erdbeere zwischen ihre Lippen, von wo aus Botho sie mit seinem Mund übernimmt. Dieses durchaus erotische Spiel hat insofern eine weitergehende Bedeutung, als die Szene sich später, allerdings in einer anderen Konstellation und mit einer anderen Bedeutung, wiederholen wird (vgl. Kapitel 13). Dort

Lenes erotische Ausstrahlung

handelt es sich nicht mehr um ein Liebesspiel, sondern um einen Routineakt der käuflichen Liebe.

Ein weiteres Gesprächsthema ist Bothos Mutter. Lene gesteht Botho, dass sie das Gefühl habe, sich vor seiner Mutter fürchten zu müssen. Diese Ahnung wird sich später bestätigen, denn es ist Bothos Mutter, die ihn letztlich dazu bringt, sich von Lene zu trennen. Botho missversteht Lene dahin gehend, dass sie mit seiner Mutter sprechen und ihr Verhältnis offenbaren wolle. Er zeigt damit indirekt seine Schwäche, dem Druck der Öffentlichkeit standzuhalten und sich zu der Beziehung zu Lene zu bekennen. Wie sehr Lene diese Schwäche Bothos zu Herzen geht, wird durch den Erzählerkommentar deutlich: „Lene lachte herzlich, und doch war eine Spur von Gezwungenheit darin." (S. 33, Z. 23 f.) Lene sieht nämlich, wie sie schon in

dem Gespräch mit Frau Dörr offenbart hat (vgl. Kapitel 2), die Chancen der Beziehung sehr realistisch. Sie ahnt, wie sich im weiteren Fortgang des Gesprächs zeigt, dass Botho sie verlassen wird. Und wie in dem Gespräch mit Frau Dörr betont sie, sich allerdings keine Gedanken über die Zukunft zu machen: „Wie du mich verkennst. Glaube mir, dass ich dich habe, diese Stunde habe, das ist mein Glück. Was daraus wird, das kümmert mich nicht. Eines Tages bist du weggeflogen …" (S. 34, Z. 14 ff.) Weiterhin sieht Lene voraus, dass Botho zu schwach sein wird, um sich gegen den äußeren Druck zu wehren. Und wie zur Bestätigung berichtet der Erzähler, dass genau in dem Moment im Zoologischen Garten ein Feuerwerk beginnt, die Öffentlichkeit also wieder präsent ist (vgl. S. 34, Z. 36 ff.). Damit zeigt sich ein wesentlicher Charakterzug Lenes: ihr Realitätssinn. Entgegen Frau Nimptschs Befürchtung, sie könne sich etwas einbilden (vgl. Kapitel 1), sieht Lene sehr deutlich, wie gering die Chancen sind, gegen die gesellschaftlichen Konventionen eine unstandesgemäße Beziehung zu leben.

Botho und Lene (Szenenfoto der Aufführung des Theaters
„Die Katakombe" aus dem Jahr 2012)

Trotz ihrer illusionsfreien Einstellung gestattet sich Lene Glücksfantasien von einer gemeinsamen Zukunft mit Botho (vgl. S. 35, Z. 6 ff.). Gleichzeitig wird aber auch deutlich, wie sehr Lene unter der Verheimlichung der Beziehung leidet.

Lenes Glücksfantasien

Im Gegensatz zu Lene wehrt es Botho ganz offensichtlich ab, sich mit der Perspektive der Beziehung auseinanderzusetzen. In dem Gespräch mit Lene wird er immer wortkarger, und seine Liebesbeteuerung wirkt zwar auf den Leser durchaus echt (vgl. S. 34, Z. 25), dennoch wird deutlich, dass er damit nicht die Argumente Lenes erwidern kann, auf die er gerade nicht eingeht. Der Verlauf des Gesprächs spiegelt sich auch in der körperlichen Nähe bzw. Distanz von Lene und Botho wider. Zu Beginn des Gesprächs hängt Lene sich in Bothos Arm, und Botho umarmt und küsst sie. Am Ende spürt sie die emotionale Distanz zu Botho, ihr wird „kalt" (S. 35, Z. 18) und auf dem Rückweg lehnt sie sich nur „leicht an seine Schulter" (S. 35, Z. 23).

Bothos Ablehnung, sich mit der Problematik der Beziehung auseinanderzusetzen

Körperliche Nähe bzw. Distanz

Lenes und Bothos unterschiedliche Auseinander- setzung mit der Zukunft ihrer Beziehung

Zusammenfassend lässt sich sagen, dass in dem Gespräch die unterschiedliche Art und Weise deutlich wird, wie Lene und Botho sich mit der Zukunft ihrer Beziehung auseinandersetzen. Lene zeigt trotz ihrer Glücksfantasien zumindest verbal eine klare, nüchterne Einsicht in die Perspektivlosigkeit ihrer Beziehung, während Botho es offensichtlich vermeidet, sich damit auseinanderzusetzen.

Bothos Lebenswelt (6.–8. Kapitel)

In den ersten fünf Kapiteln wurde Lenes Lebenswelt dargestellt, in den nächsten drei Kapiteln wird Bothos Lebenswelt Gegenstand des Erzählens sein.

Asymmetrie der Beziehung

Während Botho Zugang zu der Lebenswelt Lenes hat, ist dies umgekehrt nicht der Fall – ein Hinweis auf die Asymmetrie der Beziehung, die sich auch schon vorher gezeigt hat. Denn es ist allein Botho, der bestimmt, wann die Treffen mit Lene stattfinden (vgl. S. 20, Z. 34 ff.).

6. Kapitel

Bothos Lebenswelt – seine Wohnung

Das 6. Kapitel beginnt – parallel zu dem 1. Kapitel – mit einer genauen Ortsbeschreibung, hier von Bothos Wohnung. Der Vergleich der Wohnverhältnisse von Lene und Botho macht den großen sozialen Unterschied der beiden

Bellevuestraße, Berlin (historische Aufnahme)

sinnfällig: Bothos Wohnung liegt in der Bellevuestraße, zur damaligen Zeit eine vornehme Wohnstraße Berlins. Schon der Straßenname ist bezeichnend: „Bellevue" bedeutet übersetzt „schöne Aussicht".

Botho verfügt über eine großzügige, vornehm ausgestattete Wohnung mit zwei Balkonen. Von der Einrichtung weiß der Erzähler, dass sie Bothos finanzielle Möglichkeiten übersteigt (vgl. S. 36, Z. 1 f.). Dieser Aspekt zeigt sich auch in seiner Sammlung von Gemälden, die ihn, wie er selbst sagt, „teuer zu stehn gekommen sei" (S. 36, Z. 14). Botho lebt also über seine Verhältnisse, was für den weiteren Handlungsverlauf noch von Bedeutung sein wird.

In den ersten beiden Absätzen des Kapitels zeigt sich ein erzählerisches Verfahren, das typisch für Fontane ist, nämlich die Technik der Anspielung auf die Zukunft. Die erste Anspielung findet sich im Zusammenhang mit Bothos Kunstsammlung. Der Erzähler erwähnt, dass ein Bild sich besonders hervorhebt, ein „Andreas Achenbach'scher Seesturm" (S. 36, Z. 5 f.).

Technik der Anspielung

Andreas Achenbach (1815 – 1910): Seesturm

Das Bild kann als eine Anspielung auf Bothos Leben verstanden werden: Es zeigt Schiffe und Boote und deren Besatzung, die sich bei stürmischer See in Seenot befinden. Genauso kann man sagen, dass sich Botho, indem er eine ernsthafte Beziehung mit Lene eingegangen ist, auf stürmischer See befindet, die sein bisheriges Leben in Gefahr bringt.

Botho hat das Bild bei einer Lotterie gewonnen und er kommentiert diesen Gewinn in dem Zusammenhang mit dem schon angeführten Zitat, dass ihn das Losglück „teuer zu stehn gekommen sei" und „dass es vielleicht mit jedem Glücke dasselbe sei" (S. 36, Z. 14 f.). Der Leser fragt sich an dieser Stelle, ob Botho auch das Glück mit Lene „teuer zu stehn" kommt.

Die zweite Anspielung findet sich im Zusammenhang mit der Beschreibung von Bothos Kanarienvogel, der seine Streicheleinheiten vehement einfordert, was Botho folgendermaßen kommentiert: „Alle Lieblinge sind gleich [...] und fordern Gehorsam und Unterwerfung." (S. 36, Z. 33 f.) Auch hier stellt sich für den Leser die Frage, ob dies – „Gehorsam und Unterwerfung" – auch für Botho gelten wird.

Brief des Onkels   Kernpunkt des Kapitels sind zwei Briefe, die Botho empfängt, ein Brief seines Onkels Kurt Anton, der sein Erscheinen in Berlin ankündigt und Botho zu einem Treffen bestellt, und ein Brief Lenes. Botho kommentiert das gleichzeitige Eintreffen beider Briefe: „Was Onkel Kurt Anton wohl sagen würde, wenn er wüsste, in welcher Begleitung sein Brief und seine Befehle eingetroffen sind." (S. 37, Z. 34 ff.) Der Leser kann hier ahnen, dass der Onkel mit Bothos Beziehung zu Lene nicht einverstanden wäre – wiederum ein Hinweis auf die Notwendigkeit, die Beziehung zu verheimlichen. Gleichzeitig sieht der Leser der Begegnung Bothos mit seinem Onkel mit Spannung entgegen, da er sich fragt, ob der Onkel von der Beziehung erfahren wird.

In Lenes Brief wird auf indirekte Weise ihre Gegenspielerin, Käthe von Sellenthin, eingeführt. Lene berichtet, dass sie während eines Korsos[1] Botho beobachtet habe, fragt ihn, wer die „Blondine" (S. 38, Z. 24) gewesen sei, und merkt an, dass sich Botho und die Blondine wohl gegenseitig gut gefallen hätten. Lene nimmt diese Begegnung zunächst sehr humorvoll. Das Ende ihres Briefes verrät jedoch ihre Sorgen und Ängste: „Ich habe solche Angst um dich, das heißt eigentlich um mich." (S. 39, Z. 1 f.) Interessant ist ihre Korrektur, dass sie sich Sorgen um sich selbst macht. Erneut findet sich hier ein Hinweis, dass sich Lene entgegen ihren Beteuerungen sehr wohl Gedanken darüber macht, was mit ihr geschieht, wenn die Beziehung zu Botho beendet werden muss und dass sie weiß, dass ihm die Trennung schwerfallen wird.

Lenes Brief – Einführung Käthe von Sellenthins

Lenes Sorgen und Ängste

Bothos Reaktion auf Lenes Brief ist sehr aufschlussreich für seine Auseinandersetzung mit der Beziehung zu Lene. Zunächst empfindet er „allerwiderstreitendste Gefühle", nämlich „Liebe, Sorge, Furcht" (S. 39, Z. 6 f.). Das heißt, dass auch er sich durchaus der Bedrohung der Beziehung zu Lene bewusst ist. Doch er setzt sich nicht mit diesen widerstreitenden Gefühlen auseinander, denn eine solche Auseinandersetzung müsste ihn in letzter Konsequenz zum Handeln zwingen: entweder Lene zu verlassen oder aber sich zu der Beziehung zu bekennen und damit den Affront mit der Gesellschaft zu wagen. Stattdessen greift er zu dem „silbernen Crayon[2]" (S. 39, Z. 10) (auch sein Schreibwerkzeug ist edel), um die Fehler in Lenes Brief anzustreichen. Statt auf den Inhalt einzugehen, beschäftigt er sich mit der Form des Briefes, und die gilt ihm dann als Beweis für Lenes gute Charaktereigenschaften.

Bothos Reaktion auf Lenes Brief

---

[1] festlicher Umzug
[2] Bleistift

Bothos Unfähigkeit zur Auseinandersetzung mit seinen Gefühlen

Seine Unfähigkeit, sich mit seinen Gefühlen auseinanderzusetzen, zeigt sich dann auch in seinen weiteren Überlegungen. Die Anmeldung seines Onkels macht ihm bewusst, dass die Beziehung zu Lene auf Dauer unmöglich ist, aber auch hier lenkt er von sich ab, indem er sich allein Sorgen um Lene macht („Arme Lene, was soll werden!", S. 39, Z. 22). Sein Wunsch, dass es für beide besser gewesen wäre, wenn sie sich nicht kennengelernt hätten, deutet ebenso auf eine Abwehrhaltung gegenüber seinen Gefühlen hin. Und so ist es nicht verwunderlich, dass er schon unmittelbar darauf, beim Betreten der Straße, behaupten kann: „Wie schön. Es ist doch wohl eine der besten Welten." (S. 40, Z. 23f.) Der Erzähler freilich gibt dieser Behauptung einen ironischen Unterton, indem er auf Bothos besondere Beobachtungsweise hinweist: „wie auf einem Camera-obscura-Glase[1]" (S. 40, Z. 21f.). Botho, so deutet der Erzähler an, sieht die Welt auf dem Kopf stehend und nicht, wie sie ist.

7. Kapitel

Im 7. Kapitel werden, ähnlich wie im 2. Kapitel mit Herrn Dörr, zwei Nebenfiguren vorgestellt, die keinen weiteren Einfluss auf die Handlung nehmen werden. Sie dienen dazu, den Leser weiter in Bothos Lebenswelt einzuführen, und zwar sowohl hinsichtlich seiner privaten Verhältnisse als auch der politischen Lage seiner sozialen Schicht.

Bothos Kunstbegeisterung

Der Erzähler berichtet zunächst über Bothos Weg zu dem Treffpunkt mit seinem Onkel, dem vornehmen Restaurant Hiller. Auf diesem Weg kommt er an mehreren Galerien vorbei und macht sich Gedanken, welchen Maler er bei seiner Sammlung bevorzugen soll. Diese Details des Erzählens müssen vor dem Hintergrund gesehen werden, dass Botho über seine finanziellen Verhältnisse lebt bzw. finanzi-

---

[1] Lochkamera, auf deren Mattscheibe ein umgekehrtes Abbild geworfen wird

ell von seiner Familie abhängig ist, was auch später von dem Onkel bestätigt werden wird. Er kann es sich also gar nicht leisten, Bilder zu kaufen.

Botho begegnet auf dem Weg Baron Osten und einem entfernten Verwandten, Leutnant von Wedell, den er offensichtlich häufiger im Klub trifft. Er lädt ihn ein, an dem Treffen mit dem Onkel teilzunehmen. Leutnant von Wedell und Baron Osten werden von dem Erzähler als typische Vertreter des Landadels dargestellt, einer sozialen Schicht, die viel an politischem Einfluss unter der Regierung Bismarcks verloren hat. Baron Osten vertritt dabei eine radikal konservative Einstellung. Er ist ein erbitterter Gegner des Reichskanzlers Otto von Bismarck (1815–1898), dem er vorwirft, den Landadel vernichten zu wollen, wie seine wütenden Ausführungen zu dem Skandal um den Bismarck-Gegner Graf Harry von Arnin, dem in den Augen Baron Ostens ein politischer Prozess gemacht worden ist, deutlich machen. Baron Osten fühlt sich von der Politik Bismarcks offensichtlich so bedrängt, dass ihm buchstäblich die Luft wegbleibt und er die Fenster aufreißt (vgl. S. 43, Z. 11 ff. und S. 46, Z. 5 ff.).

> Leutnant von Wedell und Baron Osten als typische Vertreter des Landadels

Leutnant von Wedell vertritt dagegen einen gemäßigteren Standpunkt. Er sieht die Opposition gegen Bismarck als politisch unklug an und begründet dies damit, dass „Macht [...] vor Recht" gehe (S. 47, Z. 10 f.). Opposition sei erlaubt, bedürfe aber der Reinheit der Gesinnung, die sogar die Pflicht zur Auflehnung habe (vgl. S. 47, Z. 13 ff.). Diese Aussage kann der aufmerksame Leser mit der privaten Situation Bothos verbinden. Seine Beziehung zu Lene kann auch als Auflehnung gegen die alte Ordnung angesehen werden. Sein Motiv allerdings ist nicht politischer Art: Es geht ihm um sein privates Glück, sein Motiv entspringt insofern nicht einer reinen Gesinnung.

Im zweiten Teil des Gesprächs erfährt der Leser die eigentliche Absicht, mit der Baron Osten nach Berlin gekommen ist. Er will Botho davon überzeugen, dessen Cousine Käthe

> Hochzeit als Ausweg für Bothos finanzielle Schwierigkeiten

von Sellenthin zu heiraten, wie es längst zwischen den Eltern abgesprochen worden sei. Er zeigt Botho eindringlich dessen finanzielle Schwierigkeiten und die seiner Familie auf, die sich nur durch die Hochzeit beheben ließen.

Der Leser erkennt, dass Botho sich in einer problematischen Situation befindet: Ein Festhalten an der Beziehung mit Lene wäre für ihn damit verbunden, seinen aufwendigen Lebensstil aufzugeben. Hinzu kommt, dass Käthe von Sellenthin sowohl von Lene in ihrem Brief an Botho (vgl. Kapitel 6) als auch von Baron Osten und Leutnant von Wedell als eine vom Äußeren her sehr attraktive Frau beschrieben wird.

Der Leser erfährt allerdings keine unmittelbare Reaktion Bothos auf die Worte Baron Ostens. Er lässt Botho erst gar nicht zu Wort kommen und bestellt wie zur Bestätigung der Heirat eine weitere Flasche Champagner, diesmal von der besten Sorte.

Das Kapitel hat die Funktion, dem Leser Bothos schwierige finanzielle Lage zu verdeutlichen. Er ahnt, dass sich Botho zwischen seiner Liebe zu Lene und der finanziellen Rettung seiner Familie durch die Heirat mit Käthe von Sellenthin entscheiden muss.

8. Kapitel

Das 8. Kapitel ist neben dem 2. Kapitel das einzige, in dem weder Lene noch Botho persönlich auftreten. Allerdings wird über beide gesprochen.

Das Kapitel spielt in dem Offiziersklub, in dem Botho regelmäßig verkehrt. Es erfüllt zwei Funktionen: Es führt den Leser näher in Bothos Lebenswelt ein und gibt weitere Details aus seinen persönlichen Lebensverhältnissen preis.

Typische Klubkonversation — Der erste Abschnitt des Kapitels führt eine typische Konversation im Klub vor, die Bothos Aussage widerlegt, die er im Zusammenhang mit seiner Gesprächsparodie getätigt hat, wonach im Klub die Redensarten aufhören und die Wirk-

lichkeiten anfangen (vgl. Kapitel 4). Einzige Gesprächsthemen sind aber das Kartenspiel und gesellschaftlicher
Klatsch.

Als Leutnant von Wedell im Klub auftaucht, berichtet er
seinen Kameraden von dem Treffen mit Baron Osten und
Botho. Der Leser erfährt, dass Bothos Kameraden dessen
finanzielle Schwierigkeiten durchaus bekannt sind und
dass sie in der Hochzeit seine Chance sehen, sich aus diesen Schwierigkeiten zu befreien. Und da sie ebenfalls Käthe als eine attraktive Frau wahrnehmen, sehen sie für
Botho keine Probleme mit der Hochzeit. Wedell gibt allerdings zu bedenken, dass Botho die Beziehung zu Lene als
durchaus ernsthaft ansieht und auch eine Heirat in Erwägung gezogen hat. Er gibt an, dies von einem anderen
Kameraden Bothos erfahren zu haben. Dieser Aspekt, dass
Botho ernsthafte Absichten hat, Lene zu heiraten, ist für
den Leser neu. Lene hat er diese Absicht offensichtlich
nicht mitgeteilt.

*Charakteri-
sierung Bothos
durch seine
Klubkameraden*

*Bothos Absicht,
Lene zu heiraten*

Einer der Kameraden, Pitt, bezweifelt, dass Botho solche
Überlegungen ernsthaft tätigt, doch Wedell verweist auf
zwei Charaktereigenschaften Bothos, die dafür sprächen:
Er sei „schwach und bestimmbar und von einer seltenen
Weichheit und Herzensgüte" (S. 55, Z. 11 ff.). Pitt bestä-
tigt diese Eigenschaften, verweist dann aber darauf, dass
die Verhältnisse Botho zu der Heirat mit Käthe von Sellenthin zwingen würden. Er benutzt damit die gleichen
Worte, die Lene schon Botho gegenüber gebraucht hat
(vgl. Kapitel 5). Die Aussage erhält damit eine besondere
Bedeutung. Pitt hält Botho für unfrei, solange er an der
Beziehung zu Lene festhalte, und er müsse sich befreien
„wie der Fuchs aus dem Eisen" (S. 55, Z. 16). Im äußersten
Notfall befreit sich ein Fuchs aus der Falle, indem er sich
das gefangene Gliedmaß abbeißt. Ebenso müsse sich
Botho von Lene trennen, was Pitt mit den Worten kommentiert: „Es tut weh, und ein Stückchen Leben bleibt

*Freiheit –
Unfreiheit*

Zusammenfassung: Vergleich der Lebenswelten von Lene und Botho

Vergleichs-kriterium	Lene	Botho
soziale Herkunft/Lebens-bedingungen	• unbekannte Herkunft, lebt als angenommene Tochter bei ihrer Pflegemutter, einer armen Waschfrau, in sehr bescheidenen Verhältnissen • muss sich ihren Lebensunterhalt durch Arbeit als Weißzeugstickerin verdienen	• adeliger Offizier, lebt in großzügiger, vornehm ausgestatteter Wohnung • Kunstliebhaber • lebt über seine finanziellen Verhältnisse, auch seine Familie ist in finanzieller Not. • ist von seinen Eltern einer Frau versprochen • verbringt die meiste Zeit im Klub mit seinen Kameraden
Charakter-eigenschaften	• Frau Dörr beschreibt sie als „propper, ordentlich und ehrlich" (vgl. S. 8, Z. 17 f.); sie sei zwar kein „Engel" (S. 8, Z. 17), nehme aber alles „ernsthaft" (S. 8, Z. 23) und tue alles aus Liebe. • bezeichnet sich selbst als „übermütig" (S. 18, Z. 37), „freiweg" (S. 19, Z. 7), sich nicht zierend und nicht zimperlich	• gilt seinen Kameraden als „schwach und bestimmbar und von einer seltenen Weichheit und Herzensgüte" (S. 55, Z. 11 f.)
Beziehung zueinander	• liebt Botho um Bothos willen, nicht aus Hoffnung auf sozialen Aufstieg	• liebt Lene, ist aber bereits einer Frau versprochen

großer Kontrast zwischen den Lebenswelten aufgrund der sozialen Distanz dran hängen." (S. 55, Z. 16f.) Die Hauptsache sei aber, dass Botho wieder frei sei.

Die letzten Aussagen von Pitt bleiben unkommentiert, das Kapitel endet mit ihnen. Im Grunde hat Pitt schon das Thema des zweiten Teils des Romans angesprochen, nämlich die Frage nach der Bewältigung der Trennung Bothos von Lene. Für den Leser stellt sich die Frage, wie groß das „Stückchen Leben" ist, dass Botho verliert, wenn es zur Trennung von Lene kommt.

Die nächsten beiden Kapitel spielen wieder in der Gärtnerei, abseits der Öffentlichkeit, und zeigen Lene und Botho auf der einen Seite in einer heiteren, gelösten Stimmung, dann aber auch wieder in nachdenklichen Momenten.

Lene und Botho über ihre Beziehung (9.–10. Kapitel)

9. Kapitel

In diesem Kapitel berichtet der Erzähler von einem Spaziergang, den Lene und Botho gemeinsam mit Frau Dörr über das Gärtnereigelände unternehmen.

Lenes, Bothos und Frau Dörrs Spaziergang

Der Spaziergang wird von Lene vorgeschlagen, verbunden mit einem kleinen Seitenhieb auf Botho und dessen offensichtliche Befürchtungen, dass die Beziehung zu Lene bekannt werde (vgl. S. 55, Z. 28ff.). Lene spielt dabei auch auf die „Dame mit dem Schimmelgespann und der Blumengirlande" an (S. 55, Z. 31f.), von der sie Botho in ihrem Brief bereits berichtet hat (vgl. Kapitel 6); doch Botho reagiert nicht darauf. Hier wird Lenes realistische Einstellung deutlich: Sie weiß, dass ihre Beziehung in der Öffentlichkeit nicht gelebt werden darf, und sie weiß auch, dass sie wohl nichts daran ändern kann. Gleichwohl wünscht sie sich, mit Botho gemeinsam in der Öffentlichkeit auftreten zu können.

Wunsch, die Beziehung in der Öffentlichkeit zu leben

Der Erzähler betont, dass der Weg, den Lene, Botho und Frau Dörr gehen, der „einsamste Weg" ist (S. 56, Z. 23), sodass alle drei sich ungezwungen geben können. Vor allem Frau Dörr nutzt das aus, um mehrmals auf Lenes und Bothos Liebesverhältnis anzuspielen, was Lene jeweils verlegen macht (vgl. S. 57, Z. 10 ff.; S. 57, Z. 38 ff.; S. 58, Z. 19 ff.).

Wette als Anspielung auf die Zukunft

Die Wette, die Lene und Botho abschließen, dass Lene am Laufgeräusch einer Kegelkugel erkennen könne, wie viele Kegel in dem Wurf fallen werden, kann als Anspielung auf das Ende der Beziehung gedeutet werden, denn Lene behält recht, sowohl was die Anzahl der Kegel betrifft als auch das Ende der Beziehung, wie sie es Botho bereits vorausgesagt hat (vgl. Kapitel 5). Ähnliches gilt für das Fangspiel: Es gelingt Botho nicht, Lene zu fangen (vgl. S. 60, Z. 10 ff.).

Lied „Denkst du daran"

Von besonderer Bedeutung ist das Lied, das die drei zum Ende des Spaziergangs singen: „Denkst du daran". Der Erzähler zitiert aus dem Lied den Vers „Ich denke dran … ich danke dir mein Leben" (S. 61, Z. 22 f.). Dieser Vers passt in doppelter Hinsicht zu Lenes und Bothos Situation: Zum einen hat Botho ja tatsächlich Lenes Leben gerettet während der Bootstour. Zum anderen wird mit dem Vers die Ernsthaftigkeit der Beziehung unterstrichen: Sie macht den Sinn des Lebens aus.

Der Erzähler kommentiert, dass Lene und Botho nach dem Singen „ernst geworden" sind (S. 61, Z. 27). Sie sind sich also der besonderen Bedeutung der Liedzeile bewusst. Dieses Lied wird Botho noch einmal hören, und zwar auf der Fahrt zu Frau Nimptschs Grab. Dann allerdings wird der Erzähler einen weiteren Vers zitieren, der sich als Kritik an dem Verhalten Bothos deuten lässt: „doch *du* Soldat, Soldat, denkst *du* daran?" (S. 153, Z. 2). Dem Leser wird bedeutet, dass sich Botho – er ist ja Soldat – Lene gegenüber verantwortungslos gezeigt hat, entweder, indem er die Beziehung begonnen hat oder indem er sich gegen Lene entschieden hat.

10. Kapitel

Das 10. Kapitel spielt unmittelbar im Anschluss an den Spaziergang und gibt ein Gespräch zwischen Lene, Botho, Frau Dörr und Frau Nimptsch wieder.

Deutlich wird, dass Frau Nimptsch ihrer Pflegetochter das Glück mit Botho gönnt, während sie für sich selbst den Tod herbeisehnt (vgl. S. 62, Z. 37 ff.). Auf Bothos Antwort, dass doch jeder gern lebe, für die er Lene noch zur Bestätigung heranzieht, reagiert diese mit einer sehr leidenschaftlichen Umarmung, von der der Erzähler sagt, dass sie ihr „sonst ganz fremd war" (S. 63, Z. 5). Auf Bothos Nachfragen erklärt sie ihr Verhalten aber nicht. Der Leser kann vermuten, dass Lene immer wieder deutlich wird, wie viel ihr Botho bedeutet, dass sozusagen ihr Leben davon abhängt. Gleichzeitig spürt sie wohl auch immer wieder die Bedrohung, denn sie holt ein Notizbuch, in dem sie sich Fragen an Botho notiert hat. Diese Fragen betreffen den Teil seines Lebens, zu dem sie keinen Zugang hat.

Frau Nimptschs Einstellung

Lenes Fragen an Botho

So möchte sie wissen, wer die Damen auf dem Korso gewesen sind. Sie fragt zusätzlich: „Ist es die ältere, oder ist es die junge?" (S. 63, Z. 27) Offensichtlich geht sie davon aus, dass Botho mit einer der beiden in einer Beziehung steht. Weiterhin möchte sie wissen, wer Pitt, Serge und Gaston sind.

Botho startet zunächst ein Ausweichmanöver, worauf sich Lene darauf einlässt, um zunächst nur die Bedeutung der Namen zu erfahren, die ihr Botho dann auch erklärt. Er gibt als Grund für die Spitznamen an, sie seien aus Bequemlichkeit zugelegt und müssten nicht unbedingt etwas bedeuten. Den wahren Grund für die Spitznamen wird Lene erst später erfahren, nämlich während ihres Ausflugs mit Botho zu Hankels Ablage (vgl. Kapitel 13). Sie gewähren Botho und seinen Freunden Anonymität, wenn sie mit ihren „Damen" einen Ausflug unternehmen.

Bothos Ausweichmanöver

Bothos Maske

Der Name Gaston ist Lene bekannt, sie weiß, dass es sich um eine literarische Figur handelt, einen unbekannten Strafgefangenen mit einer eisernen Maske. Als sie erfährt, dass mit Gaston Botho gemeint ist, sagt sie zu ihm: „Du hast auch eine Maske." (S. 64, Z. 26) Botho will dieser Einschätzung durch Lene widersprechen, wird aber durch das Eintreten von Frau Dörr unterbrochen. Auch hier findet sich also wieder das erzählerische Verfahren Fontanes, Gespräche an einem besonderen Punkt abzubrechen und die weitere Einschätzung dem Leser zu überlassen. Dieser muss sich also überlegen, was Lene meint, wenn sie Botho unterstellt, eine Maske zu tragen.

Bothos
Versprechen

Frau Dörrs Erscheinen lenkt das Gespräch in eine andere Richtung; es geht nun um die Gestaltung des Grabes von Frau Nimptsch, die sich ihren Tod herbeisehnt. Botho verspricht Frau Nimptsch einen Grabkranz und bestätigt auf ihre ungläubige Nachfrage noch einmal dieses Versprechen. Für den Leser stellt sich die Frage, ob Botho dieses Versprechen tatsächlich halten wird, zumal er am Ende des Gesprächs ein weiteres Versprechen zumindest indirekt abgibt, dass nämlich Frau Dörr auch an der nächsten Unternehmung der beiden teilnehmen darf – ein Versprechen, das er, wie das nächste Kapitel zeigen wird, nicht einhält.

Der Ausflug zu Hankels Ablage – Höhepunkt bzw. das Ende der Beziehung (11. – 13. Kapitel)

Höhe- und
Wendepunkt der
Beziehung

Die nun folgenden Kapitel 11 bis 13 beschreiben Lenes und Bothos Ausflug zu Hankels Ablage. Sie stellen den Höhepunkt und gleichzeitig Wendepunkt der Beziehung zwischen den beiden dar. Die Hoffnung auf ein ungestörtes Zusammensein der beiden erweist sich als trügerisch: Das Erscheinen der drei Kameraden Bothos mit ihren „Damen" symbolisiert den Einbruch der Öffentlichkeit in Bothos und Lenes Beziehung und bewirkt damit ihr Ende.

Die Kapitel selbst sind aufgebaut wie ein kleiner Roman im
Roman – mit Einleitung, Höhepunkt und Schluss.

11. Kapitel

Das 11. Kapitel beginnt mit dem schon aus dem 1. Kapitel
bekannten Spiel des Erzählers mit Verborgenheit und Öffentlichkeit. Für den geplanten Ausflug suchen Lene und
Botho einen Ort, der der Öffentlichkeit – und damit der
gesellschaftlichen Kontrolle – möglichst entzogen ist. Der
Erzähler macht dies sehr deutlich. Er verweist darauf, dass
sich die Auswahl des Zielortes über einige Wochen hin er-
streckt und mehrere Ziele diskutiert werden. Kriterium für
die Ablehnung zunächst in Erwägung gezogener Ziele ist,
dass sie „noch zu besucht" (S. 67, Z. 30) sind, also nicht
der Öffentlichkeit entzogen sind. Die Wahl fällt schließlich
auf Hankels Ablage, einen Ort, von dessen „Schönheit und
Einsamkeit" Botho „wahre Wunderdinge gehört" (S. 67,
Z. 31 f.) hat.

Spiel mit Verborgenheit und Öffentlichkeit

Der Erzähler gibt gleich von Anfang an zu verstehen, dass
der Wunsch, einen Ort außerhalb der Gesellschaft zu finden, an dem sich die Beziehung ungestört ausleben lässt,
illusorisch ist. Zunächst kennt Botho den Ort nicht aus eigener Anschauung, er hat nur davon gehört. Dass er aber
von einem Ort gehört hat, von dem man sich „wahre Wunderdinge" erzählt, deutet schon darauf hin, dass er so un-
bekannt und einsam wiederum nicht ist. Auch der Begriff
„Wunderdinge" weist auf den unrealistischen Charakter
des Erzählten hin.

Einschätzung des Erzählers

Lene scheint bei der Einschätzung des Ortes realistischer zu
sein. Zwar möchte auch sie hinauskommen in „Gottes
freie[] Natur" (S. 67, Z. 34), also fern der von Menschen
gemachten gesellschaftlichen Konventionen; sie sucht
aber keine „Wunderdinge", sondern einen Ort „möglichst
fern von dem großstädtischen Getriebe" (S. 67, Z. 34f.).
Insbesondere die Einschränkung „möglichst" zeigt ihre re-

Lenes Einschätzung

alistische Einschätzung, dass es in der Nähe der Großstadt kaum einen Ort gibt, der völlig abgeschottet von der Öffentlichkeit ist.

Hinweise des Erzählers

Bei der Beschreibung der Anfahrt spielt der Erzähler wieder auf den Aspekt der Öffentlichkeit an. Er berichtet, dass der Zug, in dem Lene und Botho zu Hankels Ablage fahren, nur „schwach besetzt" ist (S. 68, Z. 7) und dass aus den Gesprächen der wenigen Anwesenden zu erkennen ist, dass sie nicht das gleiche Reiseziel wie die beiden haben. Zunächst scheinen sich also Lenes und Bothos Vorstellungen zu bewahrheiten.

Die auf den ersten Blick als funktionslos erscheinende Beschreibung des Weges vom Bahnhof zum Gasthof enthält weitere Hinweise des Erzählers. Der Wegweiser zu dem Gasthaus steht „schief" (S. 68, Z. 36). Dies kann zwar schon als Hinweis gedeutet werden, dass der Ort nicht viel besucht ist, aber der Leser kann darin auch den Hinweis auf eine „Schieflage" sehen. Bezeichnet ist das Gasthaus auf dem Schild mit dem Begriff „Etablissement"[1], und der Erzähler verweist auf dessen Entwicklung von einem „bloße[n] Fischerhaus" hin zu einem anscheinend größeren Gasthaus, worauf der Hinweis auf „An- und Umbau" (S. 68, Z. 37f.) deutet. Die Vorstellung eines wenig besuchten Gasthauses wird hier zum ersten Mal enttäuscht.

Ambivalenz von Hoffnung und Realismus

Auch in Lenes und Bothos Gesprächen und Handlungen zeigt sich die Ambivalenz von Hoffnung und realistischem Einschätzen.

Lene schlägt vor, auf den See zu rudern. Sie knüpft damit an den Beginn der Beziehung zu Botho an, den sie ja bei einer Ruderpartie kennengelernt hat. Botho nimmt diese Anknüpfung auf, erinnert aber an den Vorfall, bei dem Lene beinahe ertrunken wäre. Auch die Wahl des Bootes erweist

---

[1] Zu Fontanes Zeiten bezeichnete der Begriff „Etablissement" eine kleine Gaststätte ohne den heute üblichen negativen Beiklang.

Historische Postkarte mit dem Ausflugslokal Hankels Ablage

sich als anspielungsreich. Zur Auswahl stehen zwei Boote
mit Namen „Forelle" und „Hoffnung". Auf Bothos Frage   Lenes Ablehnung
hin entscheidet Lene: „Natürlich die Forelle. Was sollen wir   der Hoffnung
mit der Hoffnung?" (S. 70, Z. 37) Will man bis ins Detail
gehen, so erkennt man, dass die Anführungszeichen in Lenes Antwort weggelassen sind, sie sich also nicht auf die
Bootsnamen bezieht. Erzähltechnisch ist das interessant,
weil Botho natürlich das Weglassen der Anführungszeichen
nicht hören kann, der Hinweis sich also eindeutig an den
Leser richtet. Gleichwohl erkennt Botho die Spitze, die in
Lenes Aussage liegt, äußert sich allerdings – typisch für ihn
– dazu nicht: „Er verzieh ihr aber dies Spitzige, schwieg und
war ihr beim Einsteigen behilflich." (S. 71, Z. 1 ff.)
Die nächste Szene zeigt Lene und Botho beim Blumenpflü-   Motiv der Blumen
cken, und auch hier lassen sich einige Anspielungen des
Erzählers auf die Beziehung der beiden aufdecken. Botho
möchte Lene einen Strauß pflücken, sieht aber nur „reine
Wiese, nichts als Gras und keine Blume" (S. 71, Z. 28 f.).
Lene aber wirft ihm vor, keinen Blick für Blumen zu haben,
weil er zu „anspruchsvoll" (S. 71, Z. 31) sei. Deuten lässt
sich dieser Vorwurf dahin gehend, dass Botho letztlich
auch keinen Blick für sie hat, weil sie den Ansprüchen sei-

nes Standes nicht genügt. Die Ereignisse in Hankels Ablage werden das bestätigen.

Auch die Blumen selbst, die Lene dann findet, vermag Botho nicht richtig zu bestimmen. Bezeichnenderweise glaubt er, ein „falsches" Vergissmeinnicht entdeckt zu haben. Lene korrigiert ihn sogleich, indem sie darauf hinweist, dass es sich um ein „echtes" Vergissmeinnicht handle (vgl. S. 72, Z. 10 ff.). Zu dem Namen „Vergissmeinnicht" passend entdeckt sie auch Immortellen[1], dem Namen nach also unsterbliche Blumen (vgl. S. 73, Z. 5). Die Anspielungen auf die Vergänglichkeit bzw. Nichtvergänglichkeit der Liebe zwischen den beiden ist unübersehbar: Botho wird Lene nicht vergessen können.

Motiv der Gebundenheit Als Botho darauf besteht, dass Lene den Strauß mit einem Haare zusammenbindet, weist sie ihn darauf hin, dass damit auch eine Bindung ihrer beider Personen aneinander mitgemeint sei. Sie sagt: „Du hast es gewollt. Hier, nimm es. Nun bist du gebunden." (S. 73, Z. 29 f.) Beiden ist wohl die Tragweite dieser Worte bewusst und sie beschließen, zum Gasthaus zurückzukehren, da es „kühl" (S. 73, Z. 34) geworden ist. Botho muss die Ernsthaftigkeit, mit der Lene von der Bindung spricht, unangenehm sein, denn er weiß, dass er eigentlich von familiärer Seite an Käthe von Sellenthin gebunden ist. So hat es jedenfalls sein Onkel gesagt: „Du bist doch so gut wie gebunden." (S. 48, Z. 15 f.) Als sie beide nach der Rückkehr auf der Veranda des Gasthauses sitzen, schweigen sie. Der Erzähler kommentiert: „Jeder aber hing seinem Glück und der Frage nach, wie lange das Glück noch dauern werde." (S. 74, Z. 9 ff.) Und wieder bleibt es am Ende des Kapitels dem Leser überlassen, sich in die beiden Figuren hineinzuversetzen und deren Gedanken zu konkretisieren.

---

[1] eine Art Strohblume, die wegen ihrer Haltbarkeit oft für Dauerkränze verwendet wurde; wörtlich: die Unsterbliche

Hankels Ablage als Ziel für Lenes und Bothos gemeinsamen Ausflug

Gründe für die Wahl von Hankels Ablage als Ausflugsziel	verdeckter Hinweis des Erzählers für die Problematik von Hankels Ablage als Ausflugsziel
• Botho hat von der „Schönheit und Einsamkeit [...] wahre Wunderdinge gehört" (S. 67, Z. 31f.). • Lene will das Zusammensein mit Botho in „Gottes freier Natur möglichst fern von dem großstädtischen Getriebe genießen" (S. 67, Z. 34f.).	• Der Wegweiser zu dem Gasthaus steht schief. • Das ehemelige Fischerhaus ist zu einem großen Gasthaus umgebaut. • Lene entscheidet sich gegen das Boot mit dem Namen Hoffnung. • Lene und Botho streiten sich um „echtes" und „falsches" Vergissmeinnicht. • Lene und Botho stellen die Dauer ihres Glücks infrage.

Dem Leser wird schon frühzeitig angedeutet, dass Hankels Ablage nicht der gewünschte idyllische Ort ist.

12. Kapitel

Das 12. Kapitel zeigt Lene und Botho in getrennten Situationen: Während Lene sich wegen einer Unpässlichkeit auf das Zimmer begibt, führt Botho ein Gespräch mit dem Wirt über Hankels Ablage.

Die Struktur des Kapitels macht deutlich, dass sich hier der Erzähler (wie an anderen Stellen auch) als allwissend erweist, denn er berichtet nacheinander, was sich gleichzeitig ereignet. Die Gleichzeitigkeit ist von Bedeutung, da sowohl Lene als auch Botho sich in einer Situation befinden, in der das vermeintliche Paradies Hankels Ablage relativiert wird, wenn auch für beide aus unterschiedlichen Gründen. *Allwissender Erzähler*

Gleich zu Anfang des Gesprächs mit dem Wirt muss Botho erfahren, dass er die Zugehörigkeit zu seinem Stand nicht *Bothos Gespräch mit dem Wirt* verleugnen kann, denn der Wirt redet ihn „auf gut Glück hin" (S. 75, Z. 17) mit „Herr Baron" an (S. 75, Z. 16).

Desillusionierung der Einsamkeit des Ortes

Im Verlauf des Gesprächs erfährt Botho, dass sich Hankels Ablage zu einem beliebten Ausflugsort der Berliner entwickelt hat, es sich also mitnichten um einen Ort der Einsamkeit, wie er gehofft hat, handelt. Damit besteht natürlich für ihn die Gefahr, dass seine Beziehung zu Lene öffentlich wird. Entsprechend kommentiert er: „Ein Glück nur, dass ich von dem allen nicht gewusst habe, sonst hätt ich gar nicht den Mut gehabt und wäre fortgeblieben." (S. 79, Z. 30 ff.) Der Wirt kann nur vermuten, was Botho mit dieser Aussage meint. Dem Leser allerdings ist klar, dass Botho eine Entdeckung der Beziehung zu Lene befürchtet.

Bruch der Idylle für Lene

Auch für Lene erweist sich die idyllische Vorstellung zunächst als brüchig. Die Wirtin begleitet sie die Treppe hinauf und vermutet als Ursache für ihre Unpässlichkeit eine Schwangerschaft, was Lene in Verlegenheit bringt, weshalb sie auch nicht widerspricht (vgl. S. 75, Z. 4 ff.). Lene muss, um Botho nicht zu diskreditieren, die ihr von der Wirtin zugewiesene Rolle als Ehefrau spielen, wohl wissend, dass ihr diese Rolle nicht zukommen wird. Und genau dies wird ihr noch einmal deutlich vor Augen gestellt, als sie im Zimmer umherblickt. Sie kann die Bildunterschriften der über dem Bett hängenden Gemälde nicht lesen, da sie in englischer Sprache verfasst sind. Dies macht ihr die Bildungskluft und damit den Standesunterschied zwischen ihr und Botho deutlich (vgl. S. 81, Z. 6 ff.).

Während Lene nicht weiß, was auf den Gemälden dargestellt ist, kann der Leser sie als Zeichen des Erzählers deuten: Beide Gemälde zeigen historische Wendepunkte. Zu vermuten ist also, dass der Aufenthalt in Hankels Ablage ebenfalls ein Wendepunkt in der Beziehung sein wird.

Auch das dritte Bild in dem Zimmer löst durch das „Lüsterne[]" eine „Verzerrung ihres eignen Gefühls" (S. 81,

Z. 20 ff.) aus. Dies ist wohl so zu deuten, dass ihr das zumindest in den Augen der Öffentlichkeit Unrechtmäßige ihrer gemeinsamen Nacht deutlich wird. Vielleicht kann man auch so weit gehen zu sagen, dass sie sich durch das Bild in ihrer Beziehung zu Botho auf die Rolle einer Mätresse reduziert sieht. Wie wenig angemessen aber diese Rolle für Lene ist, zeigt die vorangegangene Episode des Bindens eines Blumenstraußes. Für Lene bedeutet dieses Binden ja die Bindung in der Beziehung.

Lenes Verstimmung löst sich erst, als sie sich an das geöffnete Fenster setzt und dadurch die Natur wahrnehmen kann. Diese Fensterszene korrespondiert mit dem Wunsch Lenes nach „Gottes freier Natur" (S. 67, Z. 34), den sie geäußert hat, als es um die Festsetzung des Zielortes für den Ausflug ging. Das geöffnete Fenster und die Zuwendung zur Natur ermöglichen

Motiv des geöffneten Fensters

ihr, sich von den Schuldgefühlen zu befreien, die für sie mit der bevorstehenden Nacht mit Botho verbunden sind. Entsprechend erleichtert äußert sie: „Und ich bin doch glücklich" (S. 82, Z. 8 f.).

Und wirklich erweist sich die gemeinsame Nacht, deren Details der Erzähler zwar diskret verschweigt, die er aber eindeutig kommentiert, als Verwirklichung dieser Glückserwartung (vgl. S. 82, Z. 25 ff.).

Dieses Kapitel stellt den Höhepunkt der Beziehung zwischen Lene und Botho dar: Sie verbringen eine gemeinsame Nacht miteinander und erle-

Botho und Lene (Szenenfoto der Aufführung des Theaters „Die Katakombe" aus dem Jahr 2012)

ben große Glücksgefühle. Für manchen zeitgenössischen Leser ist gerade dieses Kapitel ein Dorn im Auge gewesen, da Fontane es hier wagt, eine unstandesgemäße Beziehung darzustellen, die offensichtlich tiefer geht als die bloße Affäre eines Adeligen mit einer einfachen Arbeiterin.

13. Kapitel

Endgültiger
Bruch der Idylle

Im 13. Kapitel berichtet der Erzähler dann aber vom endgültigen Bruch der Idylle, der durch die Ankunft der drei Kameraden Bothos mit ihren „Damen" bewirkt wird.

Zunächst aber scheint die Idylle ihre Fortsetzung zu finden. Vor allem Lene fühlt das Glück besonders intensiv, wie den eindringlichen Worten des Erzählers zu entnehmen ist: „Ja, sie war glücklich, ganz glücklich und sah die Welt in einem rosigen Lichte." (S. 83, Z. 5 f.) Im Gespräch mit dem Wirt aber spricht Botho wieder seine Befürchtung aus, dass die Idylle durch Besucher gestört werden könnte (vgl. S. 83, Z. 27 ff.).

Auf dem Spaziergang nach dem Frühstück beobachten Lene und Botho eine, wie der Erzähler zweimal erwähnt, hübsche Magd (vgl. S. 84, Z. 26 und Z. 37), wie sie am Fluss das Kochgeschirr scheuert. Vor allem Lene ist von diesem Bild völlig eingenommen und deutet es für sich, wie sie Botho erläutert, als „ein Zeichen […] und eine Fügung" (S. 85, Z. 3). Botho bemerkt Lenes Veränderung und vermutet, dass sie das Mädchen beneide (vgl. S. 85, Z. 10 f.). Das Gespräch wird an dieser Stelle unterbrochen, sodass der Leser wiederum selbst Lenes Worte deuten muss. Vielleicht sieht sie in der Magd, die in ihrer Arbeit völlig aufzugehen scheint, wie der Erzähler hervorhebt (vgl. S. 84, Z. 37 f.), einen Hinweis für sich darin, sich auch mit ihrer Arbeit, d. h. aber auch mit ihrer sozialen Stellung, zufriedenzugeben, statt auf eine dauerhafte Beziehung zu Botho zu hoffen. Dass Lene die Szene nicht optimistisch stimmt, wird durch den Erzähler deutlich, der davon berichtet, dass sie „ihre ruhige Haltung und auch ihren Frohmut" (S. 85, Z. 14f.) bald wiedergefunden habe, was aber heißt, dass sie zuvor ihre Haltung verloren hat.

Im unmittelbaren Anschluss an diese Szene kommt es dann zu der schon erwähnten Störung des Ausflugs durch Bothos Kameraden. Lene und Botho können ihnen nicht entkommen, denn sie werden von den Kameraden und ihren „Damen" umkreist, zumindest empfinden sie es so. Alle Bemühungen Bothos, die Beziehung zu Lene vor der Öffentlichkeit abzuschirmen, finden hier ihr Ende – sie sind „umstellt und eingefangen" (S. 85, Z. 38f.).

Auftreten der drei Kameraden Bothos mit ihren „Damen"

Der entscheidende Punkt bei der Begegnung mit den drei Kameraden ist, dass es sich bei den „Damen" offensichtlich – auch wenn der Erzähler dies nicht direkt ausspricht – um Prostituierte handelt. Lene kann Balafrés Anspielung „Ah, les beaux esprits se rencontrent"[1] (S. 86, Z. 1) nicht verstehen, wohl aber der gebildete Leser. Balafré vermutet, dass Botho ebenso wie die drei einen Ausflug mit einer Prostituierten unternimmt. Botho widerspricht dem nicht – im Gegenteil. Als Balafré die weibliche Begleitung mit ihren Decknamen vorstellt, spielt er das Spiel sofort mit und stellt Lene ebenfalls unter einem Decknamen vor. Offensichtlich ist eine solche Situation nicht zum ersten Mal vorgekommen und es gibt zwischen den Kameraden wohl Absprachen, der Erzähler nennt es „Parole" (S. 86, Z. 9), Decknamen zu verwenden.

Lene kann weder Balafrés Anspielung noch das Spiel mit den Decknamen verstehen; sie wird kein Französisch verstehen und auch das Schauspiel Schillers (1759–1805) „Die Jungfrau von Orleans", dem die Namen entnommen

---

[1] Wörtlich: „Ah, die schönen Geister treffen sich." Im übertragenen Sinne auch: „Ah, man ist auf den gleichen Gedanken gekommen."

sind, wird ihr nicht bekannt sein. Dennoch muss ihr schmerzlich bewusst sein, dass Botho vor den Augen der Öffentlichkeit nicht zu ihrer Beziehung steht.

Kontrast zwischen Lene und den drei „Damen"

Der sich anschließende Bericht des Erzählers über den weiteren Verlauf des Ausflugs konzentriert sich fast ausschließlich auf Lenes Begegnung mit den drei „Damen". Dabei gibt der Erzähler immer wieder Hinweise auf den starken Kontrast zwischen der Stellung der „Damen" und Lenes. Als es darum geht, den weiteren Vormittag zu planen, sagt Isabeau, die sich als die Wortführerin der „Damen" erweist: „Was heißt Landpartie? Landpartie heißt frühstücken und ein Jeu[1] machen. Hab ich Recht?" (S. 87, Z. 31 f.) In den Augen Lenes hat sie natürlich nicht recht, denn für sie ist der Ausflug sicherlich kein Spiel. Die Episode mit dem Binden der Blumen weist ausdrücklich darauf hin (vgl. Kapitel 11).

Motiv der Erdbeere als erotisches Element

Der Kontrast wird weiterhin deutlich, wenn man die Schilderung zweier Episoden vergleicht. Auf ihrem Spaziergang kommen die Frauen an einem Erdbeerfeld vorbei, woraufhin Isabeau zu Lene sagt: „Aber da sind ja noch Erdbeeren. Ei, das ist nett. Kommen Sie, Kleine, wir wollen welche pflücken (wenn nur das verdammte Bücken nicht wär'), und wenn wir eine recht große finden, dann wollen wir sie mitnehmen. Die steck ich ihm [gemeint ist Serge; M.F.] dann in den Mund und dann freut er sich. Denn Sie müssen wissen, er ist ein Mann wie'n Kind und eigentlich der Beste." (S. 91, Z. 34 ff.) Das erotische Spiel des gegenseitigen Fütterns mit einer süßen Frucht gerät hier zu einer routinierten, absichtsvollen und mühevollen Tätigkeit einer Prostituierten. Ganz anders dagegen liest sich das gleiche Spiel, das Botho und Lene als innig Verliebte auf einem Spaziergang in Dörrs Garten gespielt haben (vgl. S. 32,

---

[1] Spiel

Z. 1 ff.). Der Erzähler kommentiert die beiden Episoden mit den Erdbeeren nicht; sie sprechen für sich.

Spätestens im Gespräch mit Isabeau wird Lene vor Augen geführt, was die Öffentlichkeit von ihr denken wird: dass sie um finanzieller Vorteile willen die Verbindung mit Botho eingegangen ist, d. h. letztlich nichts anderes als eine Prostituierte ist (vgl. S. 92, Z. 13 ff.). Bestätigt wird diese Einschätzung dann noch einmal in sehr drastischer Weise von Johanna und Margot (vgl. S. 92, Z. 31 ff.). Und als Isabeau erkennt, dass Lene Botho wirklich liebt, sieht sie zugleich die Chancenlosigkeit der Beziehung voraus: „Ja, Kind, *denn* is es schlimm, denn gibt es 'nen Kladderadatsch." (S. 92, Z. 29 f.)

Erzähltechnisch interessant ist, dass der Erzähler bei der Schilderung der Begegnung Lenes und Bothos mit Bothos Kameraden nicht über die innere Gefühlslage von Lene und Botho berichtet; der Leser kann sie sich nur indirekt erschließen. Der Erzähler enthält sich damit auch jeglicher direkten Wertung dieser Begegnung. Er schließt das Kapitel mit einer vergleichsweise belanglosen Bemerkung Isabeaus.

Neutrale Haltung des Erzählers

Das 13. Kapitel stellt den Wendepunkt der Handlung dar: Das, was Botho unbedingt vermeiden wollte, ist nun eingetreten, seine Beziehung zu Lene ist öffentlich geworden. Was Lene besonders treffen muss, ist, dass Botho sich nicht zu seiner Liebe bekennt, sondern vielmehr zulässt, dass ihr die Rolle einer Prostituierten zugewiesen wird.

Das 13. Kapitel als Wendepunkt der Handlung

Die sich nun anschließenden beiden Kapitel beinhalten das, was der Leser schon vorausahnen kann, nämlich die Trennung des Liebespaares. Diese Trennung wird von Lene deutlich vorausgesehen und schließlich von Botho nach Erhalt eines Briefes seiner Mutter vollzogen (vgl. Kapitel 14). Das 15. Kapitel beinhaltet Lenes und Bothos Abschiedsgespräch.

Die Trennung (14. – 15. Kapitel)

14. Kapitel

Lenes und Bothos Reaktionen auf die Ereignisse

Im Zentrum des 14. Kapitels stehen Lenes und Bothos Reaktionen auf die Ereignisse in Hankels Ablage. Der Erzähler berichtet zu Beginn knapp vom Rest des Ausflugs und der Heimfahrt, die in trübseliger Stimmung verlaufen. Offensichtlich haben sie auf der Rückfahrt nicht über die Ereignisse gesprochen, und es ist bezeichnenderweise Lene, die *Thema „Schuld"* das Thema anschneidet, nachdem Botho sich von ihr „mit einem gewissen Schuldbewusstsein" (S. 95, Z. 18), wie der Erzähler kommentiert, verabschieden will. Lene nimmt das Thema „Schuld" auf, spricht Botho aber davon frei. An den Ereignissen sei „niemand schuld" (S. 95, Z. 23), was allerdings das Schlimme sei, da dann auch niemand um Verzeihung bitten oder selbst verzeihen könne (vgl. S. 95, Z. 26 ff.). Lene folgert daraus, dass ihre Beziehung zu Ende gehe, wie sie es bereits geträumt habe. Sie betont aber noch einmal, wie glücklich sie gewesen sei und dass ihr dieses Glück bleibe (vgl. S. 95, Z. 37 ff.). Hier zeigt sich erneut Lenes realistische, aber auch hedonistische Einstellung[1]: Ihr war bewusst, dass die Beziehung zu Botho nicht von Dauer sein kann, weil sie die Macht der gesellschaftlichen Verhältnisse richtig einschätzt. Gleichwohl will sie die Erinnerung an das mit Botho erlebte Glück genießen. Allerdings wird sich zeigen, dass ihr dies nicht gelingt. Sie erlebt einen Zusammenbruch, als sie Botho und seine Frau Käthe zusammen sieht, und es bleibt ihr nach diesem Zusammenbruch eine graue Strähne im Haar (vgl. Kapitel 16). Botho selbst äußert sich nicht zu dem Thema, er möchte

---

[1] Der Begriff „Hedonismus" leitet sich vom griechischen Begriff „hedone" ab, der „Lust", „Freude" bedeutet. Man versteht unter Hedonismus eine Lebenseinstellung, nach der man das momentane Glück genießt, ohne daran zu denken, wie sich die Zukunft entwickeln wird.

gar nicht, dass es überhaupt angesprochen wird (vgl. z. B. S. 95, Z. 25). Lene aber erkennt, dass Botho genauso fühlt wie sie, es aber nicht vor sich selbst zugeben will (vgl. S. 96, Z. 7 ff.). Sie bezeichnet den Spaziergang mit Botho, auf dem sie einen Strauß Blumen gepflückt hat, als „unsere letzte schöne Stunde" (S. 96, Z. 11 f.). Sie gibt dafür keine Begründung an – immerhin hätte sie ja auch die mit Botho gemeinsam verbrachte Nacht als schönste Stunde angeben können. Zu vermuten ist, dass sich Lene auf dem Spaziergang zum letzten Mal unbeschwert gefühlt hat, denn schon beim Betreten des Gastzimmers spürt sie ihre Verstimmung bei Betrachtung der Einrichtung. Die Verstimmung ist wohl dadurch zu erklären, dass ihr in dem Moment bewusst wird, dass sie, indem sie mit Botho gemeinsam die Nacht verbringt, etwas tut, was von der Gesellschaft nicht geduldet wird. Damit endet das Gespräch, eine Reaktion Bothos berichtet der Erzähler nicht.

Die nächste Szene zeigt Botho am folgenden Morgen allein in seiner Wohnung. Er fühlt sich von Fliegen belästigt und versucht, sie zu erschlagen, was ihm aber nicht gelingt. Er empfindet die Fliegen als „Unglücksboten" (S. 96, Z. 25), die sich über den Ärger desjenigen, der die Unglücksbotschaft erhält, freuen. Als es ihm nicht gelingt, resigniert er und kommentiert: „Ergebung ist überhaupt das Beste." (S. 96, Z. 29) Botho zeigt hier genau die Schwäche, die Lene ihm unterstellt (vgl. S. 34, Z. 30 ff.). Er ist offensichtlich nicht bereit, für seine Liebe zu kämpfen. Man kann diese Episode als Vorausdeutung verstehen. Die Unglücksbotschaft wäre dann der Brief von Bothos Mutter, vor deren Forderungen Botho resignieren wird.

Bothos Schwäche

Als Botho den Brief erhält, ist ihm dessen Inhalt schon vor dem Lesen bewusst: „Ich weiß schon, eh ich gelesen." (S. 97, Z. 4 f.) Und er weiß auch schon vor dem Lesen, dass er die Beziehung zu Lene abbrechen wird, denn er kommentiert: „Arme Lene." (S. 97, Z. 5) In diesem Brief argu-

Brief von Bothos Mutter

mentiert seine Mutter in einer sehr auf Botho zugeschnittenen Weise, sodass sich dieser kaum ihrem Anliegen – die Hochzeit mit Käthe von Sellenthin – entziehen kann. Einerseits zwingt sie ihren Sohn nicht zur Heirat, andererseits setzt sie ihn aber unter moralischen Druck, indem sie an sein Verantwortungsgefühl seiner Familie gegenüber appelliert und ihn auf die schlechten finanziellen Verhältnisse der Familie hinweist, die allein durch die Heirat Bothos mit Käthe von Sellenthin zu lösen seien. Dabei stellt sie ihr eigenes Interesse (Wahrung ihres Lebensstandards) in den Hintergrund und beruft sich stattdessen auf die Aussagen anderer Personen, quasi Autoritäten (Onkel Kurt Anton, Familie Sellenthin). Besonders geschickt ist sicherlich ihr Hinweis auf Bothos Handlungsfreiheit; sie räumt ihm sogar die Möglichkeit der Absage der Hochzeit ein, wohl wissend, dass diese Möglichkeit angesichts der vorangegangenen Argumentation für Botho unrealistisch ist.

Hinweis auf Erzähltechnik Botho wird nach der Lektüre bewusst, dass er eine Entscheidung nicht länger hinausschieben kann, und der Er-

Argumente der Mutter

Sie weist hin auf

- finanzielle Probleme der Familie Rienäcker.
- die Unannehmlichkeit der Hilfe des Onkels.
- Bothos Verantwortungsgefühl.
- ungeduldiges Warten der Familie von Sellenthin auf Bothos Entscheidung.

- die freie Entscheidung Bothos.
- Bothos Verantwortungsgefühl.

Die Mutter zwingt Botho nicht, übt aber starken moralischen Druck auf ihn aus.

zähler berichtet nun im Folgenden von Bothos Entscheidungsprozess. Diese Textpassage (vgl. S. 99–103) ist erzähltechnisch interessant, da hier in besonderer Weise Fontanes Verfahren deutlich wird, die Gedanken bzw. Emotionen seiner Figuren durch den Erzählerbericht zu unterstützen.

Ausgangspunkt von Bothos Überlegungen sind die schlechten finanziellen Verhältnisse der Familie Rienäcker. Botho stellt dazu fest, dass er sie aus eigenen Kräften nicht verbessern kann, weil er nichts gelernt hat, was ihm entsprechendes Geld einbrächte (vgl. S. 100, Z. 2 ff.). Er beschließt auszureiten und lässt sich sein Pferd bringen, „seine prächtige Fuchsstute", wie der Erzähler kommentiert, ein „Geschenk des Onkels, zugleich der Neid der Kameraden" (S. 100, Z. 16 ff.). Deutlich wird durch diesen Erzählerbericht, dass Bothos hoher Lebensstandard nicht auf seiner eigenen Leistung beruht, er folglich bei einem Bruch mit seiner Familie diesen Lebensstandard aufgeben müsste. Weiterhin fragt er sich, ob er Lene gegenüber die Verpflichtung zur Heirat habe, was er verneint, und er äußert, dass sein Schwanken in dieser Frage darauf beruhe, dass er Lene liebe. Der Erzähler berichtet, dass genau in dem Moment des Eingeständnisses seiner Liebe Kanonenschüsse zu hören sind, was man als Mahnung an Botho deuten kann, sich seiner Zugehörigkeit zur gehobenen Schicht zu erinnern. Noch aber beharrt Botho auf seiner Liebe und seinem Recht zu dieser Liebe, worauf der Erzähler berichtet, dass Botho einen flüchtenden Hasen wahrnimmt. Überträgt man das Bild des flüchtenden Hasens auf Botho, dann ist Botho der „Angsthase", der Haken schlagend den Konflikten ausweicht. Und tatsächlich bestätigt sich Botho selbst, dass er nicht der Mensch sei, „die Welt herauszufordern und ihr und ihren Vorurteilen öffentlich den Krieg zu erklären" (S. 101, Z. 21 ff.). Er habe quasi als Gegenzug dafür, dass er keinen offenen Widerstand gegen die gesellschafli-

Bothos Ausritt – Entscheidungsfindung

chen Vorstellungen geleistet habe, eine „stille Gutheißung der Gesellschaft" (S. 101, Z. 27) erwartet. Und er macht sich bewusst, wie sehr er die Lebensform seiner Gesellschaftsschicht ablehnt (vgl. S. 101, Z. 30ff.). Während dieser Gedanken hat er wohl, so berichtet der Erzähler, die Zügel des Pferdes locker gelassen, sodass dieses selbstständig den Weg bestimmt. Dies lässt sich in zweierlei Hinsicht deuten: Zum einen könnte es ein Verweis darauf sein, dass Botho seinen Gedanken freien Lauf lässt und so wirklich seine Wünsche äußert, was er zumindest Lene gegenüber nie offen getan hat. Zum anderen könnte es auf die Fremdbestimmtheit Bothos hinweisen, der ohne Willen zur selbstständigen Lebensführung über sein Leben bestimmen lässt.

Bothos Deutung des Denkmals Das Pferd führt ihn zu dem Denkmal eines Polizeipräsidenten, der bei einem Duell ums Leben gekommen ist. Botho deutet das Denkmal für sich als Hinweis, den Normvorstellungen der Gesellschaft Folge zu leisten (vgl. S. 102, Z. 32ff.).

Beachtenswert ist allerdings, dass er es genau umgekehrt hätte deuten können: das Denkmal nämlich als Zeichen einer überholten Anschauung, die für ihn keine Gültigkeit mehr haben muss. Diese mögliche kritische Sichtweise wird auch von Botho angedeutet, wenn er im Zusammenhang mit dem Duell von einer „Standesmarotte" (S. 102, Z. 28) spricht. Er verfolgt aber diesen Gedanken nicht weiter, sondern bestätigt für sich, dass die Wertvorstellungen seiner Gesellschaftsschicht „mächtiger"

Hinkeldey-Denkmal im Volkspark Jungfernheide in Berlin

sind als „alle Vernunft, auch mächtiger als das Gesetz" (S. 102, Z. 28 f.). Mit diesen Gedanken nimmt er wieder die Zügel in die Hand und „warf [...] sein Pferd herum" (S. 103, Z. 1). Diese Geste zeigt seine Entschlossenheit, sich den Anforderungen der Gesellschaft zu unterwerfen, d. h. seine Beziehung zu Lene zu beenden. Er bestätigt diese Entschlossenheit, als er Arbeiter bei ihrer Mittagspause und deren Frauen beobachtet. Er erhebt diese Szene zu einer Idylle vor allem wegen ihrer vermeintlichen

Bothos Entscheidungsprozess – eine erzähltechnische Analyse

Das denkt Botho	Das berichtet der Erzähler	So kann der Leser den Erzählbericht deuten
• Er wird sich seiner Unselbstständigkeit bewusst: Er hat keinen Beruf erlernt. • Er gesteht sich seine Liebe zu Lene ein. • Botho ist hin- und hergerissen: Er lehnt es einerseits ab, sich gegen die gesellschaftliche Normen zu stellen, gleichzeitig lehnt er aber auch die Lebensform seiner Gesellschaftsschicht ab.	• Botho reitet auf seiner „prächtige[n] Fuchsstute (S. 100, Z. 16), die ein Geschenk seines Onkels ist und die den Neid seiner Kameraden hervorruft. • Es sind Kanonenschüsse zu hören. • Botho nimmt einen aufgescheuchten Hasen wahr; das zügellose Pferd führt ihn zu dem Hinkelday-Denkmal.	• Bothos Unselbstständigkeit wird belegt: Er kann sich das Pferd selbst gar nicht leisten. • Die Kanonenschüsse erinnern an seine Zugehörigkeit zur gehobenen Gesellschaftsschicht. • Botho verhält sich wie ein Angsthase, der vor den Konflikten flieht. Er hat die Führung über sein Leben abgegeben, er lässt willenlos über sein Leben bestimmen.

**Der Erzähler enthält sich jeglichen direkten Kommentars.
Der Leser aber kann den Erzählerbericht als Kommentar zu der Handlung deuten.**

Bothos
Entschluss zur
„Ordnung"

Natürlichkeit, empfindet Neid (vgl. S. 103, Z. 10 ff.) und sieht sie als Abbild eines geordneten Lebens. Er schließt daraus, dass auch er sein Leben durch eine standesgemäße Ordnung regeln muss: „Denn Ordnung ist viel und mitunter alles. Und nun frag ich mich, war mein Leben in der ‚Ordnung'? Nein. Ordnung ist Ehe." (S. 103, Z. 19 ff.) Auch hier wäre durchaus ein anderer Gedankengang für Botho möglich gewesen. Er hätte an der Szene erkennen können, dass es vielleicht auch ihm möglich wäre, seinen Lebensunterhalt durch Arbeit zu verdienen.

Dass ihm dieser Gedankengang nicht in den Sinn kommt, zeigt, wie sehr er doch bei aller Beteuerung seiner Liebe zu dem Einfachen und Natürlichen in dem Denken seines Standes verhaftet ist.

15. Kapitel

Nach Bothos Entscheidung, sich von Lene zu trennen und der Forderung seiner Mutter nachzukommen, Käthe von Sellenthin zu heiraten, kommt es zu einem letzten Gespräch zwischen Lene und Botho. Die besondere Bedeutung des Gesprächs liegt darin, dass es in konzentrierter Form die Grundproblematik des Romans verdeutlicht, nämlich die Problematik der Nichtvereinbarkeit von gesellschaftlichen Konventionen und individuellen Glücksvorstellungen.

Bothos Brief

Dem Abschiedsgespräch geht ein Brief Bothos voraus, in dem er zwar in knapper Form, aber durchaus emotional Lene seine Entscheidung mitteilt. Wie sehr ihn der Abschied mitnimmt, betont der Erzähler schon zu Beginn des Kapitels (vgl. S. 104, Z. 1 f.). Offensichtlich fällt es ihm besonders schwer, Lene persönlich gegenüberzutreten, sodass er zunächst nur den Brief schreibt. Natürlich zeigt sich darin auch seine Konfliktvermeidungsstrategie, denn durch die schriftliche Mitteilung ist er nicht gezwungen, Lene direkt ins Gesicht zu schauen.

In dem Gespräch selbst hat Lene wiederum die weitaus größeren Gesprächsanteile.

Lenes und Bothos Abschieds- gespräch

Zu Beginn versucht sie noch, ihre wahren Gefühle zu verbergen: Ihre Mimik zeigt nicht den „kleinste[n] Zug von Vorwurf oder auch nur von schmerzlicher Entsagung" (S. 104, Z. 17f.). Dies entspricht ihrer Einstellung, die sie nach den Ereignissen in Hankels Ablage Botho gegenüber äußert, als sie ihn davon freispricht, Schuld an den Ereignissen zu tragen. Auf Bothos Nachfrage jedoch bestätigt sie, dass sie der Abschied sehr schmerze, und sie äußert Todeswünsche, die sie jedoch nicht als Selbstmordgedanken missverstanden wissen will (vgl. S. 105, Z. 11 ff.).

Sie bestätigt noch einmal ihre fatalistische[1] Glückseinstellung, die sie schon in einem früheren Gespräch mit Botho erläutert hat (vgl. Kapitel 6): „Wenn man schön geträumt hat, so muss man Gott dafür danken und darf nicht klagen, dass der Traum aufhört und die Wirklichkeit wieder anfängt." (S. 106, Z. 11 ff.)

Ebenso wenig wie Botho ist Lene in der Lage, für ihre Liebe zu kämpfen. Offensichtlich schätzt sie die Macht der gesellschaftlichen Konventionen als so groß ein, dass sie keine Möglichkeit sieht, mit Botho entgegen diesen Konventionen zu leben. Auf dessen Frage, was denn sei, wenn sie beide nach ihrer Trennung kein Glück mehr erlebten, äußert Lene einen zentralen Satz, der zum einen als Anspielung auf das weitere Schicksal der beiden Hauptfiguren gedeutet werden kann und zum anderen als Motto des ganzen Romans dienen könnte: „Dann lebt man ohne Glück." (S. 106, Z. 18)

Zentraler Satz des Romans – Motto

Zum Abschluss des Gesprächs spricht sie Botho davon frei, ihr unrecht getan zu haben, und verweist auf ihre

---

[1] Fatalismus: Der Begriff geht auf den lateinischen Begriff „fatum" zurück: Schicksal. Man versteht unter Fatalismus eine Lebenseinstellung, nach der es keinen Sinn hat, gegen das vorherbestimmte Schicksal anzukämpfen.

Selbstständigkeit: „Alles war mein freier Entschluss."
(S. 106, Z. 24) Botho habe nicht sie gekränkt, sondern
„höchstens das, was die Menschen Anstand nennen und
gute Sitte" (S. 106, Z. 31 f.). Lene macht hier deutlich,
dass sie nicht mit den gesellschaftlichen Konventionen
einverstanden ist, die ein Leben mit Botho verhindern. Sie
selbst sieht also in einer Verbindung mit Botho keinen moralischen Verstoß gegen die „guten Sitten". Botho aber
geht hierauf wiederum nicht ein, offensichtlich ist er nicht
bereit, sich mit dem, was Lene sagt, wirklich auseinanderzusetzen.

Er verabschiedet sich von Frau Nimptsch und erneuert dabei indirekt sein Versprechen, ihr einen Immortellenkranz
aufs Grab zu legen (vgl. S. 107, Z. 23 f.). Dass er dieses
Versprechen nach dem Tod von Frau Nimptsch tatsächlich
einhalten wird, obwohl er keinerlei Kontakt mehr zu Lene
hat, zeigt seine innere Verbundenheit mit Lene und ihrer
Lebenswelt, von der er sich nicht vollends wird lösen können.

Mit dem Wunsch, dass er glücklich werden möge, entlässt
Lene Botho. Der Erzähler aber berichtet, dass sie ihm so
lange nachschaut, „bis sein Schritt in der nächtlichen Stille
verhallt war" (S. 108, Z. 4 f.).

Frage, warum
der Roman hier
nicht endet

Mit der Trennung von Lene und Botho endet der erste Teil
des Romans. Als Leser mag man sich die Frage stellen, warum nicht auch der Roman an dieser Stelle endet. Immerhin hat sich gezeigt, dass die gesellschaftlichen Konventionen wirkungsmächtig geworden sind. In den Augen der
Gesellschaft sind Lene und Botho sozusagen vernünftig
geworden, weil sie sich den gesellschaftlichen Normen unterworfen haben. Offensichtlich ist dies aber nicht Fontanes Anliegen.

Der zweite Teil des Romans zeigt, wie Lene und vor allem
Botho, auf den sich der Erzähler konzentriert, die Trennung
verarbeiten.

Lene erscheint nur noch in vier Kapiteln (vgl. 16, 17, 19 und 26). Zusätzlich erfährt der Leser durch das Gespräch von Gideon Franke (Lenes späteren Ehemann) mit Botho etwas über ihren weiteren Lebensweg (vgl. Kapitel 20). In der Darstellung von Bothos weiterem Lebensweg stehen zwei Aspekte im Vordergrund: seine Ehe mit Käthe von Sellenthin und seine Versuche, sich von der Vergangenheit zu lösen. Dass beide, sowohl Lene als auch Botho, in den neuen Verbindungen, die sie eingehen, vielleicht zufrieden mit ihrem Leben sind, aber nicht ihr Lebensglück finden, deutet darauf hin, dass die gesellschaftlichen Normen zwar nicht überflüssig sind, aber doch zu stark in das individuelle Leben des einzelnen Menschen hineinregieren.

Bothos und Lenes neue Lebenswelten (16. – 20. Kapitel)

16. Kapitel

In einer Rückschau berichtet der Erzähler sehr kurz von Bothos Hochzeit mit Käthe von Sellenthin. Das Einzige, was der Leser erfährt, ist, dass Baron Osten einen für ihn sehr langen Toast ausgesprochen hat, und der Erzähler zitiert die Heiratsanzeige in der Kreuzzeitung, einer Zeitung, die politisch der alten Adelsschicht zuzuordnen ist. Der Erzähler berichtet nicht von dem Hochzeitsfest selbst. Die Knappheit, mit der der Erzähler die Hochzeit darstellt, und vor allem das Auslassen jeglicher Beschreibungen der Gefühle des Hochzeitspaares können als Andeutung verstanden werden, dass die Ehe nicht glücklich verlaufen wird. Die Hochzeitsanzeige ist in einer sehr geschwollenen Sprache verfasst, die eigentlich nicht zu dem Sprachstil von Botho passt, wohl aber zu dem der Adelsschicht. Die Anzeige selbst steht im Kontrast zu der Heiratsanzeige von Lene und Gideon Franke, die Käthe Botho vorlesen wird (vgl. 26. und damit letztes Kapitel), was noch einmal auf die un-

Erzählerbericht über Bothos Hochzeit

überbrückbare Kluft der sozialen Schichten hinweist. Sprachlich bedeutend ist, dass der Erzähler nicht von der Hochzeit, sondern der „Verheiratung" (S. 108, Z. 6) spricht. Diese passivische Formulierung macht deutlich, dass Botho die Ehe mit Käthe nicht aus freien Stücken eingegangen ist, sondern verheiratet worden ist.

Lenes Reaktion auf die Heiratsanzeige

Der Erzähler berichtet weiterhin noch, dass diese Anzeige Lene anonym zugeschickt worden ist, er vermutet, von einer neidischen Kollegin. Dies kann als Hinweis darauf verstanden werden, dass Lenes und Bothos Beziehung auch in Lenes Lebenswelt auf Missfallen gestoßen ist, hier allerdings mehr aus Gründen des Neides, wie die spöttische Briefaufschrift „Hochwohlgeboren" (S. 108, Z. 25) zeigt. Diese Bezeichnung spielt darauf an, dass Lene unterstellt wird, sich für etwas Besseres zu halten und die Beziehung nur eingegangen zu sein, um sozial aufzusteigen. Der Leser aber weiß, dass es Lene darum nicht gegangen ist, und so kann er nachvollziehen, dass der Spott Lene nicht so trifft, wie es der Absender beabsichtigt hat. Erst die spätere Begegnung mit Käthe und Botho wird Lene so treffen, dass sie einen Zusammenbruch erleidet (vgl. Kapitel 17).

Charakterisierung Käthes durch den Erzähler

In dem sich anschließenden Bericht von Bothos und Käthes Hochzeitsreise nach Dresden konzentriert sich der Erzähler auf eine Charakterisierung Käthes. Er hebt vor allem ihren Frohsinn hervor, den auch Botho besonders schätzt (vgl. S. 108, Z. 33 ff.), und führt auch ein Beispiel ihrer „heitre[n] Seite" an (S. 109, Z. 8). Er fügt allerdings hinzu, dass sich bei Botho „mit einem Male doch etwas von Bedenken und selbst von Unbehagen in sein Lachen einzumischen begann" (S. 109, Z. 15 ff.). Der Erzähler führt das Unbehagen auf Bothos Wahrnehmung zurück, dass Käthe, „was auch geschehen oder ihr zu Gesicht kommen mochte, lediglich am Kleinen und Komischen hing" (S. 109, Z. 17 ff.). Im Gegensatz dazu hat Botho an Lene vor allem deren Ernsthaftigkeit und Wahrhaftigkeit

geschätzt. Käthe wird also vom Erzähler als eine Kontrast-
figur zu Lene geschildert.

Als Beleg für Bothos Wahrnehmung führt der Erzähler ein
Gespräch über ihre Hochzeitsreise nach Dresden an. Botho
fragt Käthe nach dem, was ihr am besten in Dresden gefallen habe. Ihre Antwort scheint er schon erwartet zu haben
(„Ich dachte mir so was", S. 110, Z. 22): eine viel besuchte
Konditorei, ein wohl skurriles Schauspiel („So was Komi-
sches hab ich all mein Lebtag nicht gesehn", S. 110, Z. 17f.)
und zwei künstlerische Merkwürdigkeiten im Dresdener
Zwinger (z.B. Baccus auf dem Ziegenbock).

Erzählerbericht
von der
Hochzeitsreise
als Beleg der
Charakterisierung

Das Gespräch bricht dann ab, klingt aber in Botho „eini-
germaßen ängstlich" (S. 110, Z. 30) nach.

Der Erzähler gibt keinen Grund für Bothos Ängstlichkeit an.
Möglicherweise denkt dieser an den Abend mit Lene und
den Dörrs, als er eine typische Tischunterhaltung seiner
Gesellschaftsschicht parodiert, um die Belanglosigkeit der
Gespräche zu verdeutlichen (vgl. Kapitel
4, S. 25, Z. 19ff.). Nun muss er die Erfahrung machen, dass seine Frau sich
ebenso für Kuriositäten und Belanglosig-
keiten interessiert.

Mit dieser Episode deutet der Erzähler
an, wie schwer es Botho fallen wird, sich
von Lene zu lösen. Dies zeigt sich auch
bei der Beschreibung der Wohnung Käthes und Bothos, von deren Balkon aus,
wie Käthe feststellt, ein „Schindelturm"
(S. 111, Z. 27) zu sehen ist, nämlich der
Turm der Gärtnerei. Dieser Anblick
bringt Botho so in Verlegenheit, dass er
zu stottern beginnt.

Viele Einzelheiten der Beschreibung des
Erzählers lassen sich symbolisch deuten.
So ist die Wohnung nicht von den Ehe-

Bacchus auf dem Ziegenbock

leuten selbst eingerichtet worden, sondern von Käthes Mutter, ein Hinweis, dass das Leben der beiden fremdbestimmt ist. Sie weist zwar einen Kamin auf, der aber nicht der Wärme, sondern des Anblicks wegen brennt. Dies kann als Vorausdeutung dafür gesehen werden, dass auch der Beziehung von Botho und Käthe die Wärme fehlen wird. Dass die Wohnung einen Balkon aufweist, deutet darauf hin, dass sich Botho und Käthe in der Öffentlichkeit zeigen dürfen, da ihre Beziehung standesgemäß ist.

Lenes Begegnung mit Käthe und Botho

Im letzten Teil des Kapitels berichtet der Erzähler von einer Begegnung Lenes mit Käthe und Botho, und da die beiden auf sie einen glücklichen Eindruck machen, erleidet sie einen Zusammenbruch, der von dem Erzähler, um seine Bedeutung zu betonen, detailliert beschrieben wird. Damit wird die fatalistische Einstellung Lenes relativiert, denn offensichtlich bereitet ihr die Trennung von Botho doch mehr Schwierigkeiten, als sie zuvor angenommen hat.

Lene sieht Botho und Käthe (Szenenfoto der Aufführung des Theaters „Die Katakombe" aus dem Jahr 2012)

17. Kapitel

Auch das 17. Kapitel berichtet jeweils von einem Abschnitt aus dem weiteren Lebensweg von Botho und Lene.

Der Erzähler berichtet zunächst von Käthes und Bothos Ehe. Er macht dabei einen Zeitsprung von anderthalb Jahren, betont aber, dass sich an dem „Frohmut der Flitterwochen" (S. 116, Z. 22 f.) nichts geändert habe. Dabei deutet der erste Satz des Kapitels an, dass sich für Lene und ihren Lebenskreis Veränderungen ergeben haben (vgl. S. 116, Z. 18 ff.), ohne dass mitgeteilt wird, um welche Veränderungen es sich handelt. Der Erzähler verweist darauf, dass die Ehe bisher kinderlos geblieben sei, was Käthe jedoch nicht weiter störe. Die Kinderlosigkeit kann als ein Zeichen gedeutet werden, dass es sich eben nicht um eine Liebesheirat gehandelt hat. Auch Botho sieht sein Glück zwar „nicht sonderlich getrübt" (S. 117, Z. 10), der Erzähler berichtet aber von dessen „Missstimmung" (S. 117, Z. 11), die hervorgerufen werde durch eine gewisse Oberflächlichkeit Käthes. Diese Oberflächlichkeit sieht Botho immer wieder im Kontrast zu der „Einfachheit, Wahrheit und Unredensartlichkeit" (S. 117, Z. 28 f.) Lenes.

Der Erzähler weist darauf hin, dass Lene Botho häufiger in den Sinn komme und ihn zuweilen dadurch in eine Verlegenheit bringe. Er berichtet von einer solchen Gelegenheit, als Käthe und Botho auf dem Balkon sitzen und vom Zoologischen Garten her ein Walzer erklingt (S. 118, Z. 6 ff.). Käthe nötigt Botho dazu, mit ihr zu tanzen. Diese Szene korrespondiert mit dem Walzertanz Bothos mit Lene an dem Abend, als er sie zu Hause besucht hat (vgl. Kapitel 4). Doch während es damals Botho ist, der beim Tanzen Lene Komplimente macht (vgl. S. 28, Z. 36 f.), so ist es nun Käthe, die Botho Komplimente macht. Sie bemerkt sein Schweigen und deutet dies so, als ob Botho in Gedanken bei einer anderen Frau sei. Dabei gesteht sie, auf vergange-

Erzählerbericht von Bothos Ehe

Kinderlosigkeit der Ehe als Zeichen einer Missstimmung

Motiv des Walzertanzes

ne Liebschaften eifersüchtiger zu sein, da sie diese nicht unter Kontrolle habe (vgl. S. 119, Z. 6 ff.). Für Botho hätte sich hier die Gelegenheit ergeben, von seiner vergangenen Beziehung zu Lene zu berichten, was er jedoch nicht tut.

Lene zwischen Botho und Käthe

Käthe selbst verfolgt das Thema auch nicht weiter. Lene, so kann man sagen, steht damit unausgesprochen zwischen Botho und Käthe.

Erzählerbericht über Lenes Umzug

Im zweiten Teil des Kapitels berichtet der Erzähler von Lenes und Frau Nimptschs Umzug in eine neue Wohnung, die sich weiter entfernt von Bothos Domizil befindet. Lene möchte mit dem Umzug verhindern, dass sie noch einmal Botho und Käthe begegnet. Ihrer Pflegemutter gegenüber gibt sie an, Botho nichts vorwerfen zu können und ihm auch sein Glück zu gönnen, aber sie könne es nicht ertragen, dies mitansehen zu müssen (vgl. S. 119, Z. 34 ff.). Der Umzug und damit verbunden der Wegfall der Furcht, Botho wieder zu begegnen, führen dazu, dass Lene sich von ihrem Zusammenbruch erholt. Der Erzähler führt aber an, dass ein Zeichen zurückgeblieben sei, das „äußerlich an zurückliegende Kämpfe gemahnte: Mitten durch ihr Scheitelhaar zog sich eine weiße Strähne" (S. 122, Z. 19 ff.). Der Leser erhält hier einen erneuten Hinweis, wie schwer Lene die Trennung von Botho fällt und wie ernst es ihr wirklich mit dieser Beziehung gewesen ist.

Einführung Gideon Frankes

Der Erzähler nimmt einen Besuch von Frau Dörr in der Wohnung als Gelegenheit, die Figur Gideon Franke in die Handlung einzuführen, eines Nachbarn Lenes, der, so wird es im Gespräch von Frau Dörr mit Frau Nimptsch deutlich, Interesse an Lene hat. Das Gespräch und auch das Kapitel enden mit Frau Nimptschs Befürchtung, dass Lene ihm von der vergangenen Beziehung zu Botho berichtet und so eine Verbindung mit Gideon Franke unmöglich macht, in der Frau Nimptsch Lene versorgt wüsste.

18. Kapitel

In diesem Kapitel steht Käthe von Sellenthin im Mittelpunkt. Sie hat sich von ihrer Mutter und von ihrer Schwiegermutter zu einer gynäkologischen Untersuchung wegen der Kinderlosigkeit überreden lassen, und der behandelnde Arzt hat eine Kur empfohlen. Der erste Teil des Kapitels handelt nun von der Vorbereitung auf die Kur, während der zweite Teil ein Gespräch mit Bothos Freunden über Käthes Erwartungen an die Kur wiedergibt. Beide Teile machen deutlich, dass sich Käthe keine Gedanken um den Hauptgrund der Kur macht, die Kinderlosigkeit, sondern die Kur als bloße Reiseveranstaltung sieht, in deren Mittelpunkt Vergnügungen stehen. So macht sie sich denn auch darüber lustig, dass Botho ihr acht Novellen und ein Buch über künstliche Fischzucht in den Koffer gepackt hat.

Käthes Kurvorbereitung

Botho selbst ist das Verhalten seiner Frau unangenehm, vor allem, dass sie so viel redet (der Erzähler spricht ironisch von ihrem „enorme[n] Sprachtalent", S. 129, Z. 5), doch er stößt damit auf das Unverständnis seiner Freunde, vor allem Balafrés, der Käthe in den höchsten Tönen lobt (vgl. S. 129, Z. 10 ff.). Für den Leser bleibt damit offen, welcher Einschätzung er zustimmen soll. Aufschluss gibt darüber das Ende des Kapitels, das ein Gespräch zwischen Bothos Freunden Serge und Pitt über Käthe wiedergibt. Als Serge wissen will, was Botho gegen seine Frau habe, antwortet Pitt, dass sie ihm zu einfältig sei, zu oberflächlich: „She is rather a little silly. Oder wenn du's deutsch hören willst: Sie dalbert ein bisschen. Jedenfalls *ihm* zu viel." (S. 131, Z. 20 ff.)

Käthe aus Bothos Sicht und aus der Sicht seiner Klubkameraden

Diese Einschätzung Pitts muss vor dem Hintergrund gesehen werden, dass Botho an Lene gerade ihre Ernsthaftigkeit und Natürlichkeit geschätzt hat. So wird deutlich, dass – zumindest bislang – Botho sein Glück noch nicht in der Ehe mit Käthe gefunden hat.

Pitts Einschätzung von Käthe

19. Kapitel

Im Zentrum dieses Kapitels steht das Sterben von Frau Nimptsch, deren letzte Gespräche mit Lene und Frau Dörr von dem Erzähler ausführlich wiedergegeben werden.

Gespräch über Lenes Zukunft — In dem Gespräch mit Lene geht es um deren Zukunft mit Gideon Franke. Lene berichtet ihrer Mutter, dass sie Franke heiraten werde und ihm von ihren beiden Verhältnissen erzählt habe. Er sei nicht böse gewesen, habe sich aber nicht von ihr zur Flurtür bringen lassen. Über diesen Bericht Lenes ist Frau Nimptsch beunruhigt, da nicht klar ist, ob Franke Lene nun noch heiraten will. Wenig später kommt auch Frau Dörr, die erkennt, dass es mit Frau Nimptsch zu Ende geht, und sie schickt Lene, einen Arzt zu holen. Frau Nimptsch aber fühlt wohl ihr Ende nahen und erklärt Frau Dörr genau, wie sie sich ihre Beerdigung wünscht. Als Lene von dem Doktor zurückkommt, ist Frau Nimptsch bereits gestorben.

Lenes Wahrhaftigkeit — Das Kapitel trägt zum Handlungsfortgang nur wenig bei. Es macht zum einen noch einmal Lenes Charakterzug der Wahrhaftigkeit deutlich, indem sie Gideon Franke von ihren vorangegangenen Beziehungen erzählt hat. Sie bekennt sich damit zu dieser Beziehung, während Botho sie verschweigt und vergeblich zu verdrängen versucht.

Warmherziger Umgang — Zum anderen kennzeichnet das Kapitel noch einmal Lenes Lebenswelt, die durch einen warmen, herzlichen Umgang der Menschen miteinander gekennzeichnet ist und damit im Kontrast steht zu Bothos Umgebung, in der der äußere Schein und das Floskelhafte dominieren (vgl. Kapitel 18).

20. Kapitel

Das 20. Kapitel besteht aus zwei Teilen, die noch einmal den Unterschied der Charakterzüge von Käthe und Lene deutlich machen.

Im ersten Teil gibt der Erzähler drei Briefe Käthes an Botho wörtlich wieder und seine Reaktion auf diese Briefe. Die

Briefe und Bothos Reaktion stehen dabei im Kontext zu Lenes Brief, von dem der Erzähler im 6. Kapitel berichtet hat. Unterschiede zeigen sich dabei schon im Äußeren: Käthes Karten sind mit „blassem Bleistift" (S. 136, Z. 31) geschrieben und „schwer lesbar" (S. 136, Z. 33); der Erzähler spricht von einem „undeutliche[n] Gekritzel" (S. 136, Z. 34). Demgegenüber hatte Botho an Lenes Brief die Gestaltung der Schrift gelobt (vgl. S. 39, Z. 12). Vor allem aber fällt Bothos Reaktion ganz anders aus. Käthe schreibt er zwar ein „Talent für die Plauderei" (S. 139, Z. 17) zu, aber es fehlt ihm etwas: „Es ist alles so angeflogen, so bloßes Gesellschaftecho." (S. 139, Z. 19f.) Was genau ihm fehlt, wird durch seine Beurteilung von Lenes Brief deutlich: „Wahrhaftig, der Brief ist wie Lene selber, gut, treu, zuverlässig" (S. 39, Z. 18f.). Im Grunde zeigt sich für ihn an Lenes Brief, was er immer schon an ihr bewundert hat: ihre Wahrhaftigkeit, Unredensartlichkeit und Natürlichkeit. Damit der Leser Bothos Beurteilung von Käthes Briefen besser nachvollziehen kann, zitiert der Erzähler sie in voller Länge. Dabei zeigt sich aber, dass neben dem von Botho monierten Gesellschaftstratsch durchaus auch ernstere Aussagen zu finden sind, die er offensichtlich nicht wahrnimmt. So reflektiert sie z. B. im ersten Brief Erziehungsprinzipien, falls sie Mutter wäre („Ich würde strenger sein", S. 137, Z. 33f.). Im dritten Brief findet sich eine Aussage, die Botho durchaus auf seine Situation beziehen könnte, von der Käthe natürlich höchstens eine Ahnung hat. Angesichts der in ihren Augen missratenen Erziehung des Kindes einer Mitreisenden stellt Käthe fest, dass „unsere Wünsche [...] doch beständig einer strengen und gewissenhaften Kontrolle" (S. 139, Z. 9ff.) bedürften. Damit nimmt sie Bothos Handlungsweise vorweg, die der Erzähler im 22. und 23. Kapitel beschreiben wird, nämlich die Vernichtung von Lenes Briefen und des Blumenstraußes, der mit einem Haar Lenes gebunden war. Auch in einem der folgenden Briefe, die der

Käthes Briefe an Botho – Vergleich mit Lenes Briefen

Erzähler nunmehr auszugsweise zitiert, womit er den zitierten Passagen besonderes Gewicht verleiht, finden sich Anzeichen, die mit Bothos Einschätzung von Käthe nicht übereinstimmen. So zeigt sich, dass sie ihre Einstellung gegenüber dem schon erwähnten Kind und deren Mutter geändert hat. Während sie sich zunächst von dem Kind gestört fühlte, so ist es nun die Mutter, der ihre Kritik gilt: „Ich finde jetzt die Kleine reizender als die Mutter. Diese gefällt sich in einem Toilettenluxus, den ich kaum passend finden kann, umso weniger, als eigentlich keine Herren hier sind." (S. 139, Z. 31 ff.) Damit wendet sie sich also gegen das Maskenhafte ihrer Gesellschaftsschicht (vgl. dazu auch Lenes Bemerkung zu Botho: „Du hast auch eine Maske", S. 64, Z. 26). Dementsprechend lobt sie nun das Verhalten des Kindes als „natürlich" (S. 139, Z. 37), eine Eigenschaft, die, wie erwähnt, Botho besonders an Lene schätzt. Botho selbst scheint diese Briefpassagen nicht wahrzunehmen.

Gespräch Botho – Gideon Franke

Der zweite Teil des Kapitels berichtet von dem Gespräch zwischen Botho und Gideon Franke. Dieser ist, wie er Botho sagt, wegen „der Lene Nimptsch" (S. 141, Z. 23) gekommen. Botho schrickt bei der Ankündigung zurück, möglicherweise erwartet er nun eine Erpressung wegen seiner Beziehung. Franke beruhigt ihn aber gleich, dass er nichts Derartiges beabsichtige. Im Verlauf des Gesprächs stellt sich dann heraus, dass Gideon Franke von Botho bestätigt haben möchte, was Lene ihm von dieser Beziehung erzählt hat. Botho berichtet daraufhin von seiner ersten Begegnung mit Lene, dem weiteren Verlauf und dem Ende ihrer Beziehung. Er hebt dabei die Eigenschaften hervor, die er an Lene besonders schätzt, ihre Wahrhaftigkeit, ihre Geradlinigkeit, ihren Stolz, von der Arbeit ihrer Hände leben zu wollen, und ihren eigenen Willen (vgl. S. 143, Z. 36 ff.). Er fasst seine Darstellung folgendermaßen zusammen: „Sie kriegen da eine selten gute Frau. Denn sie hat das Herz auf dem rechten Fleck und ein starkes Gefühl für Pflicht und Recht und Ordnung" (S. 144, Z. 15 ff.). Der Bericht selbst nimmt Botho offensichtlich emotional sehr mit, was sich durch das Öffnen der Fenster zeigt (vgl. dazu Kapitel 7). Offensichtlich hat ihm die Schilderung von Lenes Charaktereigenschaften wieder vor Augen geführt, welche besondere Bedeutung sie für ihn hat und dass er in seiner Ehe nicht das findet, was das Glück in dem Zusammensein mit Lene ausgemacht hat.

Bothos emotionale Reaktion

Typisch für Botho ist seine Darstellung des Endes der Beziehung. Er nimmt sich selbst als handelnde Person ganz heraus und führt das Ende auf die äußeren Faktoren zurück: „Und dann kam das Leben mit seinem Ernst und seinen Ansprüchen. Und das war es, was uns trennte." (S. 143, Z. 29 ff.) Er sieht sich also als das Opfer der Verhältnisse, das keine Möglichkeit hatte, aktiv das Geschehen zu gestalten.

Gideon Franke zeigt sich erleichtert, dass Bothos Darstellung von Lene mit seinen Eindrücken übereinstimmt, und beginnt dann, wie der Erzähler feststellt, in einem „immer predigerhafter werdenden Tone" (S. 144, Z. 33 f.) einen umständlichen Vortrag über die Zehn Gebote Gottes. Dabei relativiert er die Bedeutung des Gebots, die Ehe nicht zu brechen, stellt aber die besondere Stellung des siebten und achten der Zehn Gebote heraus (Verbot des Diebstahls und der Lüge), die die Charaktereigenschaft der Ehrlichkeit und Wahrhaftigkeit fordern (vgl. S. 144, Z. 21 ff.). Und da Lene nicht gegen diese Gebote verstoßen habe, könne man ihr die in den Augen der Kirche unmoralische Beziehung zu Botho verzeihen. Hier wird deutlich, dass Gideon Franke in gewisser Weise eine Parallelfigur zu Herrn Dörr darstellt. Ebenso wenig wie dieser nimmt er die gesellschaftlichen Normen als Leitsätze seiner Einstellung und seiner Handlungsweise. Er setzt sich über die gesellschaftliche Verurteilung der unstandesgemäßen Beziehung hinweg und beruft sich auf seine eigenen Grundsätze.

Gideons Erleichterung

Gideon als Parallelfigur zu Herrn Dörr

Zum Abschluss des Gesprächs erfährt Botho, dass Frau Nimptsch verstorben und bereits beerdigt ist.

Bothos psychische Verfassung

Das Kapitel gewährt dem Leser differenzierte Einblicke in Bothos psychische Verfassung. Es wird deutlich, wie wenig es ihm bislang gelungen ist, sich von Lene zu lösen. Damit wird noch einmal hervorgehoben, wie ernst er die Beziehung genommen hat und was er durch ihr Ende verloren hat. So verschärft sich auch die Kritik an der Macht der gesellschaftlichen Normen, die das individuelle Glück zweier Menschen, die sich lieben, verhindern.

Bothos vergeblicher Versuch, die Trennung von Lene zu verarbeiten, und Käthes Erlebnisse während der Kur (21.–25. Kapitel)

21. Kapitel
Nachdem Botho von dem Tod der alten Frau Nimptsch gehört hat, wird ihm bewusst, wie sehr er an der Vergangenheit gehangen hat, ohne zu registrieren, dass sich die Verhältnisse geändert haben und dass er sich nun „in einer ganz neuen Welt zurechtzufinden" hat (S. 146, Z. 22 f.). Er beschließt, das „halb humoristisch, halb feierlich" (S. 146, Z. 29 f.) abgegebene Versprechen, Frau Nimptsch einen Kranz aufs Grab zu legen, einzuhalten, trotz der vielen Mühen, die damit verbunden sind: „Rollkrug[1] und Mittag und pralle Sonne – die reine Reise nach Mittelafrika. Aber die

Wandel in Bothos Denken

gute Alte soll ihren Kranz haben." (S. 146, Z. 35 ff.) Damit wird ein gewisser Wandel in seinem Denken deutlich: An die Stelle der früheren Unverbindlichkeit seiner Worte tritt nun das, was er an Lene schon immer bewundert hat, die Unredensartlichkeit, das Ernstnehmen des gesprochenen Wortes, auch wenn sich Botho dazu noch immer nicht in der Öffentlichkeit bekennen will. Als die Kutsche, mit der er zum Fried-

---

[1] Rollkrug ist eine Gaststätte in dem Berliner Stadtteil Neukölln.

Gaststätte Rollkrug (historische Aufnahme)

hof fährt, in Sichtweite eines Infanteriebataillons gerät, treibt Botho den Kutscher zur Eile an (vgl. S. 148, Z. 35 ff.). Der Erzähler berichtet recht ausführlich von der Kutschfahrt, die für Botho eine Fahrt in die Vergangenheit wird. Nebenbei zeigt sich Bothos besonderes Talent, Konversation mit der einfachen Bevölkerung, hier mit dem Kutscher, zu führen. Damit bestätigt sich noch einmal die Einschätzung von Frau Nimptsch, dass Botho anders als die anderen Männer seiner Schicht ist (vgl. S. 7, Z. 10).

Fahrt zum Friedhof

Erzähltechnisch interessant ist die Passage, in der Botho Spielleute, einen Mann und eine Frau, ein Lied singen hört (vgl. S. 152, Z. 23 ff.). Es handelt sich dabei um das Lied, das Lene, Botho und Frau Dörr auf dem Spaziergang nach Wilmersdorf gesungen haben (vgl. Kapitel 9).

Der Vergleich der beiden Textstellen zeigt nun, wie der Liedtext, indem er in zwei unterschiedliche Kontexte gestellt wird, jeweils eine andere Bedeutung annimmt und die unterschiedliche Befindlichkeit der Protagonisten deutlich macht.

Lied „Denkst du daran"

Auf dem Spaziergang, der Lene und Botho in ausgelassener Stimmung zeigt, singen sie gemeinsam das Lied „Denkst du daran". Der Erzähler zitiert in diesem 9. Kapitel daraus folgenden Vers: „Ich denke dran ... ich danke dir mein Leben" (S. 61, Z. 22 f.). Er unterstreicht die Bedeutung der Worte, indem er auf den Widerhall des Echos verweist, und kommentiert das Verhalten des Paares: „Lene und Botho waren ernst geworden" (S. 61, Z. 26 f.). Beiden scheint also in diesem Moment die große Bedeutung ihrer Liebe bewusst zu sein und die damit verbundene gegenseitige Verantwortung. Gleich im nächsten Satz relativiert der Erzähler die Intensität der Nachdenklichkeit Bothos, indem er darauf verweist, dass dieser „seine Heiterkeit und gute Laune rasch zurückgewonnen" habe (S. 61, Z. 29 f.).

Während seines Berichtes über die Fahrt zum Friedhof zitiert der Erzähler erneut den Liedvers, allerdings führt er den Text nun weiter und erst durch die Weiterführung wird deutlich, dass der Liedtext aus der Sicht einer Frau geschrieben ist, die ein Verhältnis mit einem Soldaten hat und die befürchtet, von ihm verlassen zu werden: „Ich denke dran, ich danke dir mein Leben, doch *du* Soldat, Soldat, denkst *du* daran?" (S. 153, Z. 1 f.) Die Perspektive der Frau wird durch den Erzähler noch dadurch unterstrichen, dass er auf ein Fenster putzendes Dienstmädchen hinweist, das das Lied mitsingt.

Der Bezug zu Bothos und Lenes Verhältnis ist unübersehbar, und auch Botho erkennt ihn, wie an seiner Reaktion, von der der Erzähler berichtet, deutlich wird: „Botho, die Stirn in die Hand drückend, warf sich in die Droschke zurück und ein Gefühl, unendlich süß und unendlich schmerzlich, ergriff ihn. Aber freilich das Schmerzliche wog vor und fiel erst ab von ihm, als die Stadt hinter ihm lag" (S. 153, Z. 3 ff.).

Der Erzähler konkretisiert das Gefühl, von dem Botho ergriffen wird, nicht weiter, diese Konkretisierung bleibt dem Leser überlassen. Nahe liegt die Deutung, dass Botho Selbstmitleid empfindet, aber nicht wirklich Empathie mit Lene entwickelt, wie es vom Liedtext eigentlich gefordert wird. Denn auch er, Botho, hat Verantwortung für Lene übernommen, als er mit ihr die ernsthafte Beziehung eingegangen ist. Dieser Verantwortung aber stellt er sich nicht und wird er sich auch nicht stellen. Vielmehr konzentriert sich seine Handlungsweise darauf, Lene aus seiner Erinnerung zu tilgen.

22. Kapitel

Das 22. Kapitel spielt eine zentrale Rolle für Bothos Versuch, sich von der Erinnerung an Lene zu lösen, indem er ihre Briefe und den gemeinsam gepflückten Blumenstrauß verbrennt. Inwiefern es ihm wirklich gelingt, sich von der Erinnerung zu lösen, wird letztlich offenbleiben und damit der Deutung des Lesers überlassen.

Der Erzähler berichtet zunächst von Bothos Besuch des Grabes der Frau Nimptsch, bei dem dieser feststellen muss, dass Lene schon einen Immortellenkranz auf das Grab gelegt hat. Von einem Friedhofswächter erfährt er, dass an der Beerdigung nur Lene und die Dörrs teilgenommen haben und dass Lene sich weiterhin um das Grab kümmert.

Besuch des Grabes

Zurück in seiner Wohnung ist er offensichtlich innerlich sehr aufgewühlt, so sehr, dass er fast panisch befürchtet, Käthe könnte an diesem Tag wiederkommen und ihn in diesem Zustand vorfinden. Zuvor hat er sich in halbherziger Weise zur Ehe mit Käthe bekannt, doch seine Gedanken kehren schnell zu Lene zurück. Er erinnert sich noch einmal an die glücklichen Stunden mit ihr und den Blumenstrauß, den sie ihm während ihres letzten Spaziergangs gepflückt und den er aufbewahrt hat. Weiterhin erinnert er sich auch an Lenes Warnung, dass er nun gebunden sei, und er bestätigt diese Warnung. Er beschließt, den Blumenstrauß zu vernichten, da er merkt, dass er seine Ehe gefährdet, wenn er sich nicht von der Vergangenheit lösen kann (vgl. S. 156, Z. 5 ff.). Mit den Blumen zusammen findet er Lenes Briefe. Er kommentiert diesen Fund mit drei sprichwörtlichen Redensarten: „Viel Freud, viel Leid. Irrungen, Wirrungen. Das alte Lied."

Verbrennen der Briefe und des Blumenstraußes

Titelmotiv des Romans

(S. 156, Z. 26 f.) Besonders interessant ist natürlich die Redensart „Irrungen, Wirrungen", da sie dem Roman den Titel gegeben hat. Im Kontext der anderen beiden Redensarten scheint sich „Irrungen, Wirrungen" auf Lene und Botho zu beziehen. Als Romantitel dagegen könnte sich die Redensart auch auf die Gesellschaft beziehen[1].

Botho will zunächst Lenes Briefe noch einmal lesen, fühlt sich dann aber emotional so überwältigt, dass er sich entscheidet, mit dem Blumenstrauß auch Lenes Briefe zu verbrennen: „Wozu? Wozu beleben und auffrischen, was tot ist und tot bleiben muss? Ich muss aufräumen damit und dabei hoffen, dass mit diesen Trägern der Erinnerung auch die Erinnerungen selbst hinschwinden werden." (S. 157, Z. 5 ff.) Aus diesen Worten Bothos wird seine Skepsis deutlich, sich von den Gefühlen zu Lene lösen zu können.

Wie berechtigt diese Skepsis ist, zeigen dann seine Worte, nachdem er den Strauß und die Briefe verbrannt hat: „Ob ich nun frei bin? … Will ich's denn? Ich will es *nicht.* Alles Asche. Und *doch* gebunden." (S. 157, Z. 25 f.) Mit diesen Worten beendet der Erzähler das Kapitel, wodurch sie in ihrer Bedeutung unterstrichen werden. Botho erkennt hier in einer für ihn erstaunlichen Klarheit, dass es ihm nicht ohne Weiteres gelingen wird, sich von der emotionalen Bindung zu Lene zu lösen. Insofern erfüllt sich Lenes Warnung, die sie ausspricht, als Botho sich wünscht, sie möge den Strauß Blumen mit einem Haar von ihr binden: „Du hast es gewollt. Hier, nimm es. Nun bist du gebunden." (S. 73, Z. 29 f.)

23. Kapitel

Mit der Szene der Verbrennung der Briefe und des Blumenstraußes wird noch einmal die große emotionale Gebundenheit Bothos deutlich, woraus er allerdings nicht die

Bothos Skepsis, der Erinnerung zu entkommen

Bothos Bekenntnis zur Ehe

---

[1] Siehe dazu das Kapitel „Zum Verständnis des Romans: Der Schlusssatz und der Titel des Romans", S. 124.

Konsequenz zieht, seinem Herzen zu folgen, sondern er bekennt sich bewusster zur Ehe mit Käthe. Äußerlich wird dies zunächst sichtbar an seinem veränderten Auftreten gegenüber dem Dienstpersonal, das er zu mehr Ordnung aufrufen will. Doch der Erzähler macht sehr deutlich, dass dies nur ein halbherziger Versuch ist. Ironisch kommentiert er: „So begann er denn, so gut er konnte, die Rolle des donnernden Zeus zu spielen." (S. 158, Z. 12 ff.) Botho selbst erkennt die Halbherzigkeit und stellt für sich fest, dass er selbst „aus Ordnung und guter Sitte" sei (S. 158, Z. 24). So ist denn auch sein Ton gegenüber dem Dienstburschen gemäßigter.

In der Abendzeitung liest er eine Hochzeitsanzeige, in der ein Adeliger seine Vermählung mit einer bürgerlichen Frau bekannt gibt, wie an den Namen zu erkennen ist. Der Leser erhält hier den Hinweis, dass eine Ehe, die die Standesgrenzen überschreitet, durchaus möglich ist. Botho scheint dies aber überhaupt nicht wahrzunehmen, sondern stellt ganz im Stile Käthes oberflächliche Überlegungen zu Todes- und Heiratsanzeigen an (vgl. S. 159, Z. 8 ff.). Wieder einmal ist zu erkennen, dass er sich mit der Möglichkeit, sich für Lene zu entscheiden, gar nicht ernsthaft auseinandersetzt.

Unter diesem Gesichtspunkt ist sein Gespräch mit Bogislaw von Rexin aufschlussreich, über das der Erzähler als Nächstes berichtet.

Botho befindet sich auf einem Ausritt und erinnert sich an den Ausritt vor drei Jahren, den er unternommen hat, um sich auf den Abschied von Lene vorzubereiten (vgl. Kapitel 15). Er muss für sich feststellen, dass er in den nun vergangenen drei Jahren „keine rechte Freude" (S. 161, Z. 5) erlebt hat.

In dieser Gemütslage trifft er auf Bogislaw von Rexin, der ihn um eine Unterredung bittet und um einen Ratschlag hinsichtlich seines Verhältnisses mit einer nicht adeligen Frau, von dem Botho offensichtlich Kenntnis hat (vgl.

Bothos Gespräch mit Bogislaw von Rexin

S. 161, Z. 35 ff.). Botho ist zunächst zurückhaltend und verstimmt. Seine Anspielung auf Balafré als besseren Ratgeber (vgl. S. 162, Z. 15 ff.) lässt darauf schließen, dass er Rexins Verhältnis als eine bloße Liebschaft ansieht ohne ernsthafte Ansprüche. Auch seine Aussage „Verhältnisse. Pardon, Rexin, es gibt ihrer so viele" (S. 162, Z. 23 f.) unterstützt diese Annahme.

Die ablehnende Haltung gibt er aber auf, als Rexin ihm indirekt zu verstehen gibt, dass er sein Verhältnis ebenso ernst nimmt wie Botho das Verhältnis zu Lene, von dem er offensichtlich weiß („Und ich wundre mich, Rienäcker, gerade Sie mit den Achseln zucken zu sehn", S. 162, Z. 31 f.).

Rexins Problem: seine unstandesgemäße Beziehung

Rexin eröffnet ihm darauf sein Problem, das einige Parallelen zu Bothos Situation aufweist. Rexin liebt seine „schwarze Jette" (S. 163, Z. 6) und ihm ist es mit seiner Liebe ernst, wie er ausdrücklich betont: „ich kann ohne sie nicht leben, sie hat es mir angetan und ihre Natürlichkeit, Schlichtheit und wirkliche Liebe wiegen mir zehn Komtessen auf" (S. 163, Z. 31 ff.). Er könne sie aber nicht heiraten, da sie nicht im wesentlich freieren Amerika lebten, er dies seinen Eltern nicht antun könne und letztlich auch nicht seine soziale Stellung aufgeben möchte (vgl. S. 163, Z. 34 ff.). Anders als Botho will er aber auch nicht auf seine Liebe verzichten und hat deshalb beschlossen, unverheiratet mit Henriette zusammenzuleben. Für ihn sei dies kein Problem, da er nicht religiös sei und deshalb keine religiösen Gebote benötige. Er sei aber trotzdem für Monogamie, nicht aus moralischen Gründen, sondern weil es in seiner Natur liege

Indirekte Kritik am Verhalten adeliger Männer

(vgl. S. 164, Z. 6 ff.). Und er übt weiterhin indirekt Kritik an dem Verhalten der Männer seiner Schicht, die Verhältnisse eingingen, bei denen von Anfang an klar sei, dass sie nicht Bestand haben könnten: „Mir widerstehen alle Verhältnisse, wo knüpfen und lösen sozusagen in dieselbe Stunde fällt" (S. 164, Z. 13 ff.). Er weitet die Kritik noch aus, indem er generell die Lebensweise seiner Schicht kritisiert: „Ich sehne mich nach einfachen Formen, nach einer stillen, natürlichen Lebensweise, wo Herz zum Herzen spricht und wo man das Beste hat, was man haben kann, Ehrlichkeit, Liebe, Freiheit." (S. 164, Z. 17 ff.)

Ob es von Rexin so gemeint ist oder unabsichtlich geschehen ist: Botho muss sich von diesen Worten kritisiert fühlen, weil er letztlich sehr ähnliche Ansichten vertritt, ohne aber die entsprechenden Konsequenzen gezogen zu haben.

Er begegnet dieser Kritik mit einer eindeutigen Absage an ein nicht standesgemäßes Verhältnis, wobei es dem Leser überlassen bleibt, die Überzeugungskraft seiner Überlegungen zu beurteilen. Der Erzähler selbst kommentiert Bothos Aussagen nicht und lässt auch Rexin nicht mehr antworten.

Bothos
Erwiderung

Die zwei Argumente, die Botho vorbringt, entspringen seiner (vermeintlichen) Erfahrung. Zum einen beschwört er die Gefahr herauf, dass ein endgültiger Bruch mit den gesellschaftlichen Konventionen dazu führen würde, dass Rexin „über kurz oder lang sich selbst ein Greuel und eine Last sein" (S. 165, Z. 3 f.) würde. Vermutlich denkt er daran, dass er sich selbst als aus der Ordnung gefallen betrachtet hat, nachdem er sich intensiv mit der Erinnerung an Lene beschäftigt hat (vgl. dazu Kapitel 23).

Zum anderen verweist er auf die emotionalen Schwierigkeiten, die Trennung zu bewältigen, wenn man sich dann doch entschließt, den gesellschaftlichen Konventionen zu folgen. Hier spricht Botho sehr authentisch von seinen Erfahrungen, am deutlichsten vielleicht in dem Satz: „Es kann nichts ungeschehen gemacht werden und ein Bild, das uns in die Seele gegraben wurde, verblasst nie ganz wieder, schwindet nie ganz wieder dahin." (S. 165, Z. 26 ff.)

Der Erzähler berichtet im Folgenden nicht, welche Entscheidung Rexin treffen wird, und auch nicht, wie sein Leben sich weiter gestalten wird. Allerdings zeigt der Fall Rexin, dass es durchaus auch für Botho möglich gewesen

Deutung des
Gesprächs: Eine
Entscheidung
Bothos für Lene
wäre möglich
gewesen wäre, sich für Lene zu entscheiden, dass es also nicht nur die „Verhältnisse" gewesen sind, die dazu geführt haben, dass er die Beziehung zu Lene beendet hat. Er hat vielmehr nicht den Mut aufgebracht, sich gegen diese Verhältnisse zu stellen und die daraus folgenden Konsequenzen, sein luxuriöses Leben aufgeben zu müssen, zu ziehen. Auffallend ist, dass die Anfangsbuchstaben der Namen Botho von Rienäcker und Bogislaw von Rexin identisch sind. Man kann darin einen Hinweis auf die Ähnlichkeit der beiden sehen, wobei allerdings Rexin ernsthaft überlegt, eine andere Entscheidung als Botho zu treffen. Insofern mag der Leser überlegen, ob Bogislaw von Rexin ein „moderner" Botho von Rienäcker ist, da es ihm möglicherweise gelingt,

Bogislaw von Rexin – Botho von Rienäcker: ein Vergleich

Das ist beiden gemeinsam	Darin unterscheiden sie sich
• Sie lieben eine Frau, die aus einer niederen Gesellschaftsschicht stammt. • Sie sehen ihre Beziehung nicht als eine vorübergehende Liaison, sondern haben ernsthafte Interessen. • Sie bewundern an den Frauen deren „Natürlichkeit, Schlichtheit und wirkliche Liebe" (S. 163, Z. 32 f.). • Sie sind sich der gesellschaftlichen Zwänge bewusst.	• Bogislaw von Rexin erwägt ernsthaft, die Beziehung zu seiner Jette auch gegen den gesellschaftlichen Druck fortzuführen. • Botho lehnt eines nicht standesgemäße Beziehung ab: „Ordnung ist Ehe" (S. 103, Z. 21 f.)

Bogislax von Rexin tut das, wozu Botho der Mut fehlt: Er stellt sich gegen die starren Vorschriften der Gesellschaft.
Die Anfangsbuchstaben beider Namen sind identisch: B.v.R.

Bogislaw von Rexin: ein neuer Botho von Rienäcker?

seine individuellen Interessen gegen die gesellschaftlichen Konventionen durchzusetzen.

In diesem Kapitel wird deutlich, dass der Zwang, mit dem Botho die Trennung von Lene begründet, nicht gegeben war. Die Hochzeitsanzeige und Bogislaw von Rexin machen deutlich, dass eine Entscheidung gegen die Standesgrenzen durchaus möglich gewesen wäre.

Die Frage, die sich dem Leser stellt, ist, ob es Botho gelingen wird, sich nun endgültig auf die Ehe mit Käthe einzulassen. Dieser Frage gehen die letzten drei Kapitel nach.

24. Kapitel

Im 24. Kapitel berichtet der Erzähler von Käthes Rückkehr aus der Kur. Dabei wird Bothos Zwiespalt bei seiner Beurteilung Käthes deutlich, ob er sie reizend oder albern (vgl. S. 131, Z. 21: dalbert) finden soll.

Käthes Rückkehr

Zu Beginn des Kapitels berichtet der Erzähler von den Komplimenten, die Käthe sowohl von ihrer Reisebegleitung, Frau Salinger, als auch von der Hauswirtin ihrer Unterkunft während der Kur erhalten hat (vgl. S. 166, Z. 5 ff. und S. 166, Z. 20 ff.). Insbesondere Frau Salingers Aussagen lassen sich als Mahnung an Botho lesen, sich intensiver um seine Frau zu kümmern.

Das erste Gespräch mit Botho zeigt gleich die Käthe, wie der Leser sie bislang kennengelernt hat, oberflächlich, hauptsächlich auf Kuriositäten konzentriert (vgl. S. 167, Z. 11 ff.). Und auch Botho stellt fest, dass sie unverändert sei, wobei er dem Erzähler zufolge „zwischen Glücklichsein und Anflug von Verstimmung" schwankt (S. 167, Z. 20 f.). Käthe bemerkt den kritischen Unterton seiner Äußerung und reagiert darauf recht selbstbewusst, dass sie sich in ihrem Charakter gar nicht verändern wolle (vgl. S. 167, Z. 22 ff.). Und ebenso selbstbewusst deutet sie die Ungewissheit des Erfolges der Kur an, nämlich die Behebung der Kinderlosigkeit.

Gespräch mit Botho

Als das Gespräch auf Vorstellungen kommt, wird sie sehr ernst. Sie fragt Botho, ob er nicht auch glaube, dass Vorstellungen sehr mächtig seien, und seufzt bei dieser Frage. Den Ernst, mit dem sie diese Frage stellt, betont der Erzähler, indem er ihren Seufzer deutet: „wie wenn sich ihr plötzlich etwas Schreckliches und tief in ihr Leben Eingreifendes vor die Seele gestellt hätte" (S. 168, Z. 6 ff.). Sie wartet allerdings erst gar nicht Bothos Antwort ab (der ihr sicherlich hätte zustimmen müssen, wenn er ehrlich wäre), sondern berichtet von Mr. Armstrong, einer Reisebekanntschaft, die offensichtlich großen Eindruck auf sie gemacht hat (vgl. S. 168, Z. 8 ff.). Der Leser kann hier vermuten, dass sich zwischen Käthe und Mr. Armstrong mehr als eine Bekanntschaft entwickelt hat; er wird allerdings, dies sei vorweggenommen, dafür keine direkte Bestätigung bekommen.

Käthes Bericht über Mr. Armstrong

Das Gespräch wird an dieser Stelle nicht weiter vertieft, sondern der Erzähler berichtet von der Ankunft Bothos und Käthes zu Hause. Dass an der Tafel „Willkommen" nur mit einem „l" geschrieben ist, wird von Käthe mit Humor aufgenommen. Ihre Aussage, dass auch Botho „alles nur halb haben" (S. 168, Z. 35) solle, kann der Leser als weiteren Hinweis auf eine mögliche Affäre Käthes mit Mr. Armstrong deuten.

Käthes neues Selbstbewusstsein

Der im Weiteren vom Erzähler beschriebene Umgang mit den Bediensteten zeigt eine selbstbewusste und durchaus auch warmherzige Käthe. Davon und auch von ihrem Äußeren (der Erzähler spricht von der „schöne[n] junge[n] Frau", S. 169, Z. 28 f.) lässt Botho sich sehr beeindrucken. Er umarmt Käthe und bezeichnet sie als „Puppe" (S. 169, Z. 35). Käthe macht mit ihrer Antwort deutlich, dass sie Botho in seiner Halbherzigkeit, mit der er zu ihr steht, durchschaut: „Puppe, liebe Puppe, das sollt ich eigentlich übel nehmen, Botho. Denn mit Puppen spielt man." (S. 169, Z. 36 f.) Sie ist jedoch souverän genug, Bothos

Aussage für sich positiv zu deuten: „Aber ich nehm es nicht übel, im Gegenteil. Puppen werden am meisten geliebt und am besten behandelt. Und darauf kommt es mir an." (S. 169, Z. 37 ff.)

Wenn man das Kapitel genau liest, wird man durchaus eine Veränderung an Käthe feststellen. Auf der einen Seite ist zwar ihre Vorliebe für das Kuriose geblieben (ihr Lieblingswort ist immer noch „komisch"), auf der anderen Seite scheint sie aber Botho viel bewusster wahrzunehmen, und sie beginnt, seine volle Aufmerksamkeit für sich einzuklagen.

25. Kapitel

Die sich im vergangenen Kapitel bemerkbar machende Veränderung Käthes wird auch im Folgenden bestätigt.

Das Kapitel spielt am nächsten Morgen nach Käthes Heimkehr. Botho fordert seine Frau auf, mehr von ihren Erlebnissen während der Kur zu erzählen, da sie in ihren Briefen oft nur Andeutungen gemacht habe. Insbesondere erkundigt er sich nach Mr. Armstrong. Unklar bleibt, inwiefern Botho eventuell eifersüchtig auf ihn ist.

Käthe berichtet daraufhin ausführlich über ihre Reisebekanntschaft. Sie stellt Mr. Armstrong als einen Mann dar, der sich in verschiedener Hinsicht von Botho unterscheidet.

Käthes weiterer Bericht über Mr. Armstrong

Diese Unterschiede beginnen bei der äußeren Erscheinung: Mr. Armstrong trägt offensichtlich sehr ausgefallene, da bunte Kleidung (vgl. S. 170, Z. 32 ff.) und er geht stets mit einem aufgespannten Sonnenschirm (vgl. S. 170, Z. 35 f.). Von dieser Exzentrik hat Käthe schon am Abend vorher gesprochen im Zusammenhang mit Mr. Armstrongs auffallendem Bart (vgl. S. 168, Z. 22 ff.).

Der Buntheit seiner Kleidung entspricht seine Art, Konversation zu führen, die offensichtlich ganz dem Geschmack Käthes entgegenkommt. Käthe nimmt Botho das Versprechen ab, auch in dieser Art Gespräche zu führen, und sie charakterisiert diese Art folgendermaßen: „Und du musst mir versprechen, auch so zu sein wie Mr. Armstrong und ein bisschen mehr einfach und harmlos plaudern zu wollen und ein bisschen rascher und nicht immer dasselbe Thema." (S. 173, Z. 6 ff.) Der Erzähler berichtet nichts über die Gedanken Bothos, als er Käthe „Besserung" (S. 173, Z. 11) verspricht. Der Leser kann sich aber denken, dass er sich auch hier wieder an die Gespräche mit Lene erinnert, die einen völlig anderen Charakter hatten als die mit Käthe. Und Käthe gibt auch gleich eine weitere Kostprobe ihrer Art, Gespräche zu führen, indem sie weitere Reisebekanntschaften beschreibt (vgl. S. 173, Z. 11 ff.).

Dann aber wird sie doch wieder sehr ernst. Sie schlägt vor, einen Ausflug zu machen, da die „Berliner Luft [...] doch etwas stickig" sei (S. 173, Z. 21 f.), was auf ihre große emotionale Bewegtheit schließen lässt. Und sie deutet vage an, dass sie an eine Affäre mit Mr. Armstrong gedacht habe: „Ach, Botho, welcher Schatz ist doch ein unschuldiges Herz. Ich habe mir fest vorgenommen, mir ein reines Herz zu bewahren. Und du musst mir darin helfen." (S. 173, Z. 26 ff.) Sie bittet Botho um drei „bräutlich[e]" Küsse, die sie aber nicht als „Zärtlichkeit", sondern als „Weihekuss" (S. 173, Z. 31 f.) verstanden wissen will. Dies kann so gedeutet werden, dass sie von Botho ein erneutes Hochzeitsversprechen als Treuegelöbnis einfordert. Die sich anschließende Fahrt ließe dann an eine zweite Hochzeitsfahrt denken. Interessant an dieser Stelle ist, dass Käthe mehrmals eine christliche Metaphorik bemüht, um ihren Vorsatz der Treue zu bekräftigen. So soll der Ausflug in die Natur führen, um so den „Atem Gottes" zu spüren (S. 173, Z. 22). Dann ändert sie ihren ursprünglichen Ausflugsplan, um zu einem Ort zu fahren, „wo die blaue Beleuchtung einen immer so sonderbar berühre, ja, sie möchte sagen, wie wenn einem ein Stück Himmel in die Seele falle" (S. 174, Z. 6 ff.).

Käthes Forderung
an Botho

Käthes
Andeutungen
einer Liaison mit
Mr. Armstrong

Christliche
Metaphorik

Weiterhin hoffe sie, auf eine arme Frau zu treffen, von der man etwas kaufen könne, und so „im Kleinen ein gutes Werk" (S. 174, Z. 15) zu tun. Auch wenn ihre Vorliebe für das Kuriose immer noch vorhanden ist, so zeigt sich in diesem Gespräch doch ein neuer Zug an Käthes Charakter: Offensichtlich beschäftigt sie sich intensiver mit ihrer Entscheidung für Botho und fordert auch von ihm eine klare Entscheidung für sich.

Das Thema „Untreue" bildet auch den Abschluss des Kapitels, als Botho die Anekdote berichtet, wie König Friedrich Wilhelm II. (1744–1797) mithilfe eines Geistersehers „aus den Händen seiner Geliebten [befreit] und [...] auf den Pfad der Tugend" (S. 174, Z. 29f.) zurückgeführt werden sollte, was allerdings nicht gelungen sei.

Thema „Untreue"

Der Leser sieht natürlich die Parallele zu Botho, der sich ja auch noch nicht von Lene hat befreien können. Käthe aber kann diese Parallele nicht ziehen. Sie bedauert die Königin, deren Schmerz sie verstehe. Und sie beteuert, dass sie sich „in unserem Preußen solche Dinge nicht recht denken" (S. 175, Z. 1f.) könne. Sie vertieft den Gedanken aber nicht weiter, sondern konzentriert sich, ganz ihrer Art entsprechend, auf das Komische der Episode (vgl. S. 175, Z. 2ff.). Das Kapitel zeigt, dass sich Käthe entgegen der Oberflächlichkeit, die ihr Menschen ihrer Umgebung unterstellen (und auch der Erzähler), Gedanken über ihre Beziehung zu Botho macht und von ihm fordert, sich mehr auf ihren Charakter einzulassen. Darin liegt ihr Gewinn an Selbstständigkeit.

Lenes Hochzeit – Bothos Reaktion (26. Kapitel)

26. Kapitel

Das 26. und letzte Kapitel des Romans besteht aus drei Teilen. Im ersten Teil berichtet der Erzähler, wie Käthe die Asche der verbrannten Briefe Lenes entdeckt, der zweite

Teil schildert die Hochzeit Lenes aus Sicht eines unbekannten Umherstehenden und im dritten Teil gibt der Erzähler
ein Gespräch zwischen Botho und Käthe wieder anlässlich
des Erscheinens der Hochzeitsanzeige Lenes in der Zeitung.

Käthes
Entdeckung der
verbrannten
Liebesbriefe

Als Botho und Käthe von dem Ausflug nach Hause kommen, möchte diese Feuer im Kamin haben, da sie „fröstel-
te" (S. 175, Z. 14). Im übertragenen Sinne kann ihr Botho
also nicht genügend Wärme geben. Bei der Vorbereitung
des Feuers entdeckt sie die Asche der verbrannten Briefe.
Sie vermutet zunächst scherzhaft, dass es sich um Liebesbriefe gehandelt habe, was Botho nach kurzem Zögern
eingesteht. Käthe gibt sich mit diesem Geständnis zufrieden, ahnt aber wohl, dass Botho mit der Sache noch nicht
abgeschlossen hat, und beschließt deshalb, die Briefe noch
einmal zu verbrennen: „erst zu Asche und dann zu Rauch"
(S. 176, Z. 3), der sich dann verflüchtigt. Ebenso sollen sich
die unangenehmen Erinnerungen verflüchtigen, könnte
man deuten.

Käthe vertieft das Verbrennen der Liebesbriefe nicht weiter,
sondern beginnt in ihrer Art, über ein Erlebnis während der
Kur zu plaudern. Botho aber hört ihr offensichtlich nicht
zu, da er ihr auf eine Frage nicht antwortet. Dies kann als
Zeichen gesehen werden, dass er immer noch in Gedanken bei den Briefen und daher bei Lene ist.

Erzählerbericht
über Lenes
Hochzeit

Der Erzähler macht im Folgenden einen Zeitsprung von
drei Wochen und berichtet von einer Hochzeit aus einer
neutralen Sicht. So sagt er an keiner Stelle, dass es sich um
die Hochzeit von Lene und Gideon handelt, sondern lässt
einen Umherstehenden einen Hochzeitszug, der in die Kirche einzieht, beschreiben. Allein einmal erwähnt der Erzähler den Namen „Frau Dörr" (S. 178, Z. 11).

Die Kommentare der Außenstehenden geben der Hochzeit
einen armseligen, fast deprimierenden Charakter.

Aus der ersten Kutsche steigt das Ehepaar Dörr, „ein Paar,
das, solang es im Gesichtskreise der Anwesenden verblieb,

mit Lachen und Getuschel begleitet wurde" (S. 178, Z. 22 ff.). Insbesondere die Figur Frau Dörrs gerät zum bissigen Gespött der Leute.

Doch auch das Hochzeitspaar selbst wird Opfer des Gespötts. Dass Lene keinen Brautkranz als Zeichen ihrer Jungfräulichkeit trägt, wird Gegenstand bissiger Kommentare. Indirekt wird ihr unterstellt, dass sie ihren Mann, der einiges älter ist als sie, betrügen wird (vgl. S. 178, Z. 25 f.). Auch Gideon Franke wird wegen seines ältlichen Aussehens und seiner unmodernen Kleidung verspottet (vgl. S. 178, Z. 19 ff.).

Die Beschreibung der Hochzeit suggeriert dem Leser, dass Lene nicht das finden wird, was sie sich von einem Leben mit Botho erträumt hat: Glück in einer erfüllten Liebesbeziehung. Die Darstellung zeigt Parallelen mit der Darstellung von Bothos Hochzeit (vgl. Kapitel 16). Der Erzähler gibt jeweils durch die distanzierte Form des Berichtes zu erkennen, dass es sich nicht um ein Fest handelt, das, der Bezeichnung Hochzeit entsprechend, einen Höhepunkt im Leben der Brautleute darstellt.

Der dritte Teil des Kapitels zeigt Botho und Käthe beim gemeinsamen Frühstück am Tag nach der Hochzeit Lenes. Käthe liest Botho aus der Zeitung eine Heiratsannonce vor und amüsiert sich über die Namen, die sie als „komisch" (S. 179, Z. 6) empfindet, und nennt dabei vor allem Lenes Nachnamen „Nimptsch" und den Vornamen „Gideon" (vgl. S. 179, Z. 11 ff.).

Käthes und Bothos Reaktion auf Lenes Hochzeitsanzeige

Botho trifft die Nachricht von der Hochzeit Lenes offensichtlich sehr. Der Erzähler verweist auf seine „Verlegenheit" (S. 179, Z. 14 f.), die er Käthe gegenüber verheimlichen will, und er versucht, auch seine emotionale Betroffenheit zu verbergen (vgl. S. 179, Z. 15 ff.). Seine Antwort an Käthe, die gleichzeitig der Schlusssatz des Romans ist, ist mehrdeutig: „Was hast du nur gegen Gideon, Käthe? Gideon ist besser als Botho." (S. 179, Z. 17 f.)

Gemeint sein kann, dass der Vorname „Gideon" besser ist als „Botho". Gemeint sein kann aber auch, dass der Mensch Gideon besser ist als der Mensch Botho.

Der Erzähler selbst gibt keinerlei Hinweise darauf, wie Botho den Satz gemeint hat, sodass der Leser selbst eine Deutung finden muss.

Hintergründe

Fontanes Lebensstationen

Theodor Fontanes Lebensspanne umfasst beinahe das ganze 19. Jahrhundert: Geboren wird er am 30. Dezember 1819 als erster Sohn des Apothekers Louis Henri Fontane und seiner Frau Emilie in Neuruppin in der Nähe von Berlin.

Geburt und Tod (1819 – 1898)

Er stirbt am 20. September 1898 in Berlin, wo er den größten Teil seines Lebens verbracht hat, und liegt auch dort begraben.

Das 19. Jahrhundert ist ein Jahrhundert der Umwälzungen in vielen Bereichen: In der Politik scheitert die von Fontane

Zeitgeschichtlicher Zusammenhang

Fontanes Geburtshaus in Neuruppin. Die elterliche Löwenapotheke besteht bis heute.

Fontanes Grabstätte in Berlin auf dem Friedhof II der Französisch-Reformierten Gemeinde

durchaus begrüßte bürgerliche Märzrevolution von 1848, und 1871 kommt es zur allmählichen Überwindung der Kleinstaaterei durch die Gründung des Deutschen Reiches; die Naturwissenschaften beginnen ihren Siegeszug; die industrielle Revolution verändert das Arbeitsleben und führt zu größeren Veränderungen im gesellschaftlichen Gefüge. Fontane ist zugleich Betroffener und Beobachter dieser Veränderungen. Vor allem in den sogenannten „Berliner Frauenromanen"[1], zu denen auch der Roman „Irrungen, Wirrungen" gehört, thematisiert er diese Veränderungen. Fontane zeichnet in ihnen eine Gesellschaft, in der insbesondere die Frauen Opfer der starren gesellschaftlichen Konventionen werden.

---

[1] Mathilde Möhring; L'Adultera; Cécile; Irrungen, Wirrungen; Stine; Frau Jenny Treibel; Effi Briest

Fontanes Eltern sind hugenottischer[1] Abstammung und führen in Neuruppin in Brandenburg eine Apotheke. Er steuert auch zunächst eine berufliche Karriere als Apotheker an und macht von 1836 bis 1840 eine Apothekerlehre. Anschließend arbeitet er mehrere Jahre als Apothekergehilfe in unterschiedlichen Apotheken, darunter auch in der des Vaters. Unterbrochen wird diese Tätigkeit durch einen einjährigen freiwilligen Militärdienst von 1844–1845, in dessen Rahmen er auch zum ersten Mal England besucht. 1847 erhält er die Approbation[2] zum Apotheker „Erster Klasse", was ihn dazu berechtigt, eine eigene Apotheke zu führen. Vielleicht kann man sagen, dass die naturwissenschaftlich ausgerichtete Ausbildung als Apotheker auch seinen Blick schärft für die Wahrnehmung gesellschaftlicher Prozesse und auch für die Wahrnehmung psychologischer Prozesse in den Individuen.

Apothekerlehre und Arbeit als Apothekergehilfe (1836–1849)

Den Traum von einer eigenen Apotheke kann Fontane jedoch nicht verwirklichen. Nachdem seine Stelle in dem Berliner Krankenhaus Bethanien 1849 nicht verlängert wird, gibt er den Apothekerberuf völlig auf.

Es folgt nun eine Zeit, in der Fontane versucht, als freier Schriftsteller und Journalist beruflich Fuß zu fassen. Schon als Apothekergehilfe hat er mit dem Schreiben begonnen und auch einige Gedichte und eine Novelle mit historischen Themen veröffentlicht. 1844 wird er Mitglied der Dichtergemeinschaft „Der Tunnel über der Spree" und erzielt mit einigen Balladen erste literarische Erfolge. Wichtiger aber noch sind die Kontakte, die Fontane zu anderen Schriftstellern knüpft, die ihm später sowohl bei der Vermittlung von Arbeitsstellen als auch durch freundliche Rezensionen seiner Romane helfen. 1848 erregen vier politi-

Erste literarische Erfolge und politisches Engagement

---

[1] Hugenotten: Bezeichnung für französische Protestanten im 16./17. Jahrhundert
[2] staatliche Zulassung

sche Kommentare Fontanes in der Tageszeitung „Berliner Zeitungshalle" Aufsehen, da er in ihnen konsequent für mehr politische Freiheit eintritt. Fontane nimmt kurz aktiv an den Barrikadenkämpfen in Berlin teil, verfolgt aber den radikal-demokratischen Ansatz nach dem Scheitern der Revolution nicht weiter, da er ständig darum kämpfen muss, sich finanziell über Wasser zu halten.

Emilie Fontane, geborene Rouanet-Kummer (1824 – 1902)

Familiengründung (ab 1850) 1850 heiratet Fontane Emilie Rouanet-Kummer, die aus einer verarmten Berliner Hugenottenfamilie stammt.

Mit ihr bleibt er zeit seines Lebens verheiratet, allerdings leidet die Ehe sehr unter den wirtschaftlichen Schwierigkeiten. Das Ehepaar bekommt zwischen 1851 und 1864 sieben Kinder, von denen drei früh versterben. Fontane muss also eine sechsköpfige Familie versorgen und zusätzlich zwei uneheliche Kinder aus der Zeit vor seiner Ehe.

Arbeit in England als Zeitungskorrespondent (1851 – 1859) Da seine ersten Romanversuche nicht erfolgreich sind, geht er als Zeitungskorrespondent nach England, wo er, zeitweilig auch mit seiner Familie, lebt. 1853 verfasst er den Essay „Unsere lyrische und epische Poesie seit 1884", in dem er sein Konzept realistischen Schreibens erläutert[1]. 1859 kehrt er nach Berlin zurück, beginnt mit den Wanderungen durch die Mark Brandenburg und veröffentlicht

---

[1] Siehe dazu das Kapitel „Fontanes Konzept des poetischen Realismus, S. 98.

erste Aufsätze in Zeitschriften über seine Reisen. Er bedient damit das beginnende Interesse für Reiseliteratur. 1861 erscheint der erste von insgesamt fünf Bänden „Wanderungen durch die Mark Brandenburg", die heute durchaus noch mit Gewinn gelesen werden können. Fontane knüpft auf seinen Wanderungen viele Kontakte vor allem mit Menschen des niederen Adels, die ihm in seinen späteren Gesellschaftsromanen als Vorbilder für seine literarischen Figuren dienen werden.

Wanderungen durch die Mark Brandenburg – Veröffentlichung von Reiseliteratur (1859 – 1889)

Von 1864 – 1871 arbeitet er hauptsächlich für konservative Zeitungen als Kriegsberichterstatter der unterschiedlichen preußischen Kriege. Er verfasst auf der Grundlage seiner Notizen und Tagebücher mehrere Bände über diese verschiedenen Kriege, die allerdings keinen materiellen Erfolg erbringen. Sie sind aber deshalb erwähnenswert, weil Fontane sehr präzise und detailreiche militärgeschichtliche Darstellungen verfasst und sich vor allem gegenüber dem Feind objektiv zeigt. So urteilt er insbesondere über den „Erbfeind" Preußens, die Franzosen, sehr liberal. Hier deutet sich schon die literarische Schreibweise Fontanes mit der genauen, objektiven Darstellung der Realität und der zurückhaltenden Bewertung seiner Romanfiguren an.

Kriegsberichterstatter (1864 – 1871)

Ab 1870 beginnt er, sich einen neuen zusätzlichen Erwerbsbereich zu erschließen: Er arbeitet als Theaterkritiker für unterschiedliche Zeitungen, eine Tätigkeit, die er bis zu seinem Tod verfolgen wird. Insgesamt verfasst er annähernd 750 Theaterkritiken. Besonders interessant sind seine Besprechungen zu naturalistischen Theaterstücken[1], die von einem Großteil der Kritiker und auch von einem Groß-

Theaterkritiker (ab 1870)

---

[1] Naturalistische Theaterstücke: Der Naturalismus ist eine literarische Epoche, die teilweise zeitlich parallel mit der Epoche des poetischen Realismus verläuft. Die Naturalisten streben eine äußerst realistische Darstellung der Wirklichkeit an, die auch die Darstellung von Elend und Not nicht ausspart.

Fontane-Denkmal in seiner Geburtsstadt Neuruppin

teil der Öffentlichkeit abgelehnt werden. Fontane stimmt zwar mit vielen Tendenzen des Naturalismus nicht überein, zeigt sich in seinen Zeitungsartikeln aber doch als kritischer Fürsprecher.

Erste und einzige berufliche Festanstellung (1876)

1876 scheint für Fontane ein besonderer Abschnitt seines Lebens zu werden. Er erhält eine Stelle als „ständiger Sekretär der Akademie der Künste Berlin", eine Festanstellung, fast einer Beamtenstelle gleichzusetzen. Fontane hofft, damit seine finanziellen Verhältnisse endlich ordnen zu können. Er gerät allerdings zwischen die Fronten einer Auseinandersetzung zwischen dem Direktor und dem Verwaltungspräsidenten der Akademie, von denen er sich überdies nicht angemessen behandelt fühlt. Er bittet deshalb schon nach wenigen Monaten um Entlassung aus dem Amt, was zu einer schweren Ehekrise führt, innerhalb derer seine Frau Emilie zeitweilig die gemeinsame Wohnung in der Potsdamer Straße verlässt.

Seit seiner Entlassung als Sekretär führt Fontane eine unabhängige Existenz als freier Schriftsteller, und damit beginnt seine produktivste Schaffenszeit mit den sogenannten „Berliner Frauenromanen", von denen heute die bekanntesten „Effi Briest" und „Irrungen, Wirrungen" sind. Ein wirklicher finanzieller Erfolg wird allerdings zu seinen Lebzeiten nur der Roman „Effi Briest". Zu wenig mag Fontane sich an dem Geschmack der Öffentlichkeit orientieren, die lieber die trivialen Liebesromane einer Eugenie Marlitt (1825–1887) liest als Fontanes gesellschaftskritische Zeitdiagnosen.

Existenz als unabhängiger Schriftsteller (ab 1876)

Am 20. September 1898 stirbt Fontane 78-jährig an einem Herzinfarkt in seiner Berliner Wohnung. Heute gilt er als einer der bedeutendsten Schriftsteller Deutschlands.

Tod (1898)

Entstehungsgeschichte des Romans und erste Reaktionen

Im Gegensatz zu den meisten anderen Romanen Fontanes lässt sich die Entstehungsgeschichte des Werks „Irrungen, Wirrungen" nicht ganz genau klären.

Das Originalmanuskript und die Vorarbeiten Fontanes sind nicht erhalten. Bis heute hat sich kein tatsächlicher Vorfall rekonstruieren lassen, der Fontane als Stoff zu seinem Roman hätte dienen können. Dies spielt allerdings auch keine große Rolle, da sich die Ereignisse durchaus so in der Wirklichkeit hätten abspielen können. So berichtet Fontane von einem Besuch einer Dame nach Erscheinen des Romans, die ihm gesagt habe, sie sei Lene.[1]

Kein tatsächlicher Vorfall als Grundlage des Romans

Erste Pläne zu dem Roman finden sich in Briefen und Tagebucheinträgen von 1882, und zwar fünf Jahre vor dem Er-

---

[1] so in einem Brief an den Theaterkritiker Paul Schlenther vom 30.09.1887 (abgedruckt in: Erläuterungen und Dokumente, Theodor Fontane, Irrungen und Wirrungen, hrsg. von Frederick Belz. Stuttgart 1979, S. 73f.)

Erste Pläne und
Erstellung der
Endfassung

scheinen als Fortsetzungsroman in der Berliner „Vossischen
Zeitung"[1]. Die konkrete Arbeit des Abfassens verzögert
sich, da Fontane gleichzeitig an mehreren Romanprojekten
arbeitet. 1894 sind wiederum durch Tagebucheinträge
ausführliche Studien der Örtlichkeiten des Romans belegt,
etwa Ausflüge zum Hinkeldey-Denkmal (vgl. Bothos Ausritt, um eine Entscheidung zu treffen; Kapitel 14), zur Gaststätte Rollkrug (vgl. Bild S. 73) und zum neuen Jacobi-
Friedhof (vgl. Bild S. 56). Belegt ist weiterhin ein Aufenthalt
Fontanes in Hankels Ablage, dem Ausflugsziel Lenes und
Bothos, wo sie ihre einzige gemeinsame Nacht verbringen.
Dort beendet er auch die erste Fassung des Romans.

Im April 1886 und von März bis Juli 1887 erfolgt dann die
Erstellung der Endfassung.

Erscheinen als
Fortsetzungs-
roman und erste
Reaktionen

Das Werk „Irrungen, Wirrungen" erscheint, da Fontane
sich in finanziellen Schwierigkeiten befindet, zunächst
nicht in Buchform, sondern im Sommer 1887 als Fortsetzungsroman in der „Vossischen Zeitung", einer der ange-
sehensten Zeitungen Berlins, die hauptsächlich vom Bür-
gertum, aber auch von der Adelsschicht gelesen wurde.
Der Vorabdruck in der „Vossischen Zeitung", der noch
den Untertitel „Eine Berliner Alltagsgeschichte" trug, gerät zu einem Skandal. Als skandalös, da unmoralisch, werden dabei das freie Liebesverhältnis zwischen Lene und
Botho mit der gemeinsamen Nacht in Hankels Ablage
angesehen, die Titulierung dieses Geschehens als „Berliner Alltagsgeschichte" und damit verbunden die fehlende
Distanzierung des auktorialen Erzählers von den Handlungen seiner Protagonisten. Der Vorwurf der Amoralität gip-
felt in dem Ausruf eines Mitinhabers der „Vossischen Zeitung" an den verantwortlichen Chefredakteur Friedrich

---

[1] Der Name der Zeitung leitet sich ab von dem ursprünglichen Verleger
Christian Friedrich Voß (1724–1795).

Stephany: „Wird denn die grässliche Hurengeschichte nicht bald aufhören?"[1]

Insbesondere die neutrale Haltung des Erzählers bzw. des Autors gerät in die Schusslinie der Kritik: Nach dem bürgerlich-moralischen Bewusstsein hätte Lene für die unstandesgemäße Beziehung bestraft werden müssen (z. B. durch eine Schwangerschaft mit verzweifeltem Kindes- oder Selbstmord[2]); stattdessen ergreift der Erzähler offensichtlich Partei für die junge Frau aus dem vierten Stand.

Fontane wehrt sich zunächst gegen die Vorwürfe der vermeintlichen Sittenlosigkeit seines Romans, teils auch auf polemische Art und Weise. So wirft er z. B. seinen Kritikern Heuchelei vor, da sie eine Doppelmoral verträten, indem sie einerseits die unstandesgemäße Beziehung kritisierten, andererseits aber selbst uneheliche Kinder gezeugt hätten.[3]

Fontanes Reaktion auf die Kritik

Fontane muss jedoch befürchten, dass sein Roman ein finanzieller Misserfolg wird, was auch Konsequenzen hätte für das Erscheinen weiterer Romanprojekte, die er in Angriff genommen hat. Er versucht deshalb, Einfluss zu nehmen auf die Aufnahme seines Romans beim Lesepublikum nach Erscheinen in Buchform 1888, indem er Vorabexemplare an ihm wohlgesonnene Schriftstellerkollegen und Rezensenten verschickt und verhindert, dass konservative Zeitungen solche Exemplare bekommen. Und in der Tat sind die in der Folgezeit erscheinenden Rezensionen wesentlich freundlicher als die ersten Reaktionen.

Fontanes Einflussnahme auf die Besprechung der Buchausgabe

Wirkliche Anerkennung als ein literarisch bedeutsames Werk erhält der Roman „Irrungen, Wirrungen" erst nach

---

[1] Hier zitiert nach Mende, Dirk: „Dann lebt man ohne Glück". Nachwort zu der Textausgabe des Goldmann Verlags von 1993, S. 169.

[2] Das Motiv des Kindsmords ist in der Literatur insbesondere in der Epoche des Sturm und Drang zu finden, so auch in Goethes (1749–1832) Drama „Faust I".

[3] so in einem Brief an seinen Sohn Theodor vom 08.09.1887 (Textausgabe, S. 186)

Fontanes Tod mit einer Studie des Literaturwissenschaftlers Conrad Wandrey über Fontane, in der er die Einschätzung abgibt, dass Fontane mit diesem Roman seine „Meisterschaft"[1] erreicht habe. In der nachfolgenden Zeit sind eine Vielzahl von Studien entstanden, die sich mit unterschiedlichen Interpretationsansätzen des Romans beschäftigen.

Fontanes Konzept des poetischen Realismus

Theodor Fontane gilt als bedeutendster Vertreter einer Literaturepoche, die man poetischer Realismus (oder auch bürgerlicher Realismus) genannt hat. Weitere Vertreter dieser poetologischen Richtung sind im deutschsprachigen Raum Theodor Storm (1817–1888), Friedrich Hebbel (1813–1863), Gottfried Keller (1819–1890) und Conrad Ferdinand Meyer (1825–1898).

1853 – also rund drei Jahrzehnte vor Entstehung des Romans „Irrungen, Wirrungen" – veröffentlichte Fontane einen Essay mit dem Titel „Unsere lyrische und epische Poesie seit 1848", in dem er in programmatischer Weise sein Literaturverständnis darstellt, das auch für den Roman wegweisend ist.[2] Der zentrale Punkt des Literaturverständnisses Fontanes ist die Spannung zwischen den Ansprüchen, ein „realistisches Bild" der Zeit zu geben und gleichzeitig ein Kunstwerk zu schaffen.

---

[1] Zitiert nach: Theodor Fontane, Irrungen, Wirrungen. Interpretiert von Reinhard Wilcek. München (u.a.) 2006, S. 11.

[2] Die zentralen Aussagen dieses Essays sind in vielen Schulbüchern unter dem Titel „Was verstehen wir unter Realismus?" abgedruckt, so auch in der Schöningh Textausgabe (siehe Literaturverzeichnis), S. 189ff.

Fontane stellt zunächst in negativer Weise heraus, dass er unter Realismus nicht „das nackte Wiedergeben alltäglichen Lebens, am wenigsten seines Elends und seiner Schattenseiten"[1] versteht. Er bezieht sich dabei explizit auf die bildlichen Darstellungen der miserablen sozialen Lage der schlesischen Weber.

Negative Bestimmung von Realismus

Weberelend, Holzstich (um 1850)

Fontane wirft dieser Kunstrichtung vor, die Darstellung sozialen Elends mit Realismus zu verwechseln. Er versucht, diesen Gedanken mit einer Metapher zu verdeutlichen, wonach sich die von ihm kritisierte Kunstrichtung wie „das rohe Erz zum Metall"[2] verhalte. Das rohe Erz, so ist die Metapher aufzulösen, muss erst noch bearbeitet werden, bevor es sich in einen wertvollen Stoff verwandelt. Fontane nennt diesen Prozess der Bearbeitung bezogen auf das künstlerische Schaffen „Läuterung"[3] bzw. in späteren Äußerungen „Verklärung"[4]. Was er unter diesen Begriffen ver-

---

[1] Schöningh Textausgabe, S. 189 f.
[2] ebd., S. 190
[3] ebd., S. 190
[4] ebd., S. 191, so in einer Schrift aus dem Jahr 1889 „Der Begriff der Verklärung als Element des Realismus"

steht, wird im Folgenden am Beispiel des Romans „Irrungen, Wirrungen" zu erläutern sein.

Positive Bestimmung von Realismus

Zunächst formuliert Fontane als Bedingung für das künstlerische Schaffen, dass sein Stoff aus dem Leben selbst entnommen sein muss. Damit grenzt er sich deutlich von der literarischen Epoche der Romantik ab, die versuchte, die Wirklichkeit durch Einbezug des Fantastischen zu übersteigen. Allerdings muss der Stoff, der der Wirklichkeit entnommen wurde, noch künstlerisch bearbeitet werden. Fontane führt eine zweite Metapher an, mit der er diesen Prozess verdeutlichen will: Das reale Leben ist für ihn wie der unbearbeitete Marmorblock, aus dem sich unendlich viele Bildwerke gestalten lassen. Es obliegt nun dem Blick des Künstlers, einen solchen Marmorblock auszuwählen, der geeignet ist, ein wirkliches Kunstwerk zu schaffen. Als positive Kennzeichnung des Realismus formuliert Fontane schließlich: „Er ist die Widerspiegelung alles wirklichen Lebens, aller wahren Kräfte und Interessen im Elemente der Kunst"[1].

Der Roman „Irrungen, Wirrungen" als Werk des poetischen Realismus

Was bedeutet das für den Roman „Irrungen, Wirrungen"? Zunächst ist festzustellen, dass der Stoff zum Roman der Lebenswirklichkeit entnommen ist: Auch wenn sich, wie oben bereits erwähnt[2], bis heute kein realer Fall als Grundlage für den Roman finden lässt, so waren das Scheitern einer Beziehung an den Konventionen der Standesgesellschaft und die daraus resultierende Verhinderung des Lebensglücks durchaus Elemente der sozialen Wirklichkeit. Die Beziehung eines Mädchens aus dem vierten Stand mit einem adeligen Offizier und ihr Scheitern sind sozusagen der Marmorblock, der von dem Künstler zu bearbeiten ist. Wesentliche künstlerische Strategien, also die Bearbeitung des Marmorblocks, werden in den folgenden Kapiteln erläutert, wie

---

[1] Schöningh Textausgabe, S. 190
[2] Siehe das Kapitel „Entstehungsgeschichte des Romans und erste Reaktionen", S. 95.

etwa die besondere Erzählsituation, die symbolische Gestaltung der Handlungsorte und die besondere Motivstruktur des Romans. Noch entscheidender ist die grundsätzliche Anlage des Romans: Fontane hätte sich auch ganz anders entscheiden können bei der Gestaltung der Handlung. So hätte er Lene als Strafe für ihre Überschreitung der Standesgrenzen ins Unglück stürzen lassen können, in das vollkommene soziale Elend, was auch durchaus realistisch gewesen wäre. Dies hätte aber nicht dem Kunstverständnis Fontanes entsprochen, wonach realistische Kunst nicht gleichzusetzen ist mit der Darstellung von sozialem Elend. Die „Schattenseiten" des Lebens werden dabei nicht verleugnet, sie müssen aber vom Künstler so dargestellt werden, dass sie für den Leser ertragbar, zumutbar sind. Diesen künstlerischen Prozess nennt Fontane „Läuterung" oder „Verklärung" des Hässlichen. Damit ist nicht gemeint, dass der Künstler keine Kritik an den gesellschaftlichen Verhältnissen üben darf. Im Roman „Irrungen, Wirrungen" zeigt Fontane in durchaus kritischer Tendenz, wie stark die starren gesellschaftlichen Normen negativen Einfluss nehmen können auf das Lebensglück der Menschen. Der Erzähler aber verbleibt in Distanz zu dem Geschehen, indem er es nicht direkt kommentiert, sondern die Bewertung dem Leser überlässt. So muss denn auch dieser entscheiden, wie er Lenes und Bothos weiteren Lebensweg nach ihrer Trennung bewerten will. Er kann erleichtert sein, dass beide Partner finden, die ihnen in gewisser Weise angemessen sind. Er kann aber auch traurig oder gar zornig sein über eine Gesellschaft, die das Lebensglück von Menschen verhindert.

Die Verschränkung der Verwendung realistischer Bruchstücke mit deren künstlerischer Verarbeitung kann an einem Detail deutlich gemacht werden: Bei der Beschreibung von Bothos Wohnung verweist der Erzähler auf ein Bild des Künstlers Andreas Achenbach mit dem Titel „Seesturm" (s. S. 29). Der Künstler Andreas Achenbach hat von 1815 bis

Verschränkung von realistischen Bruchstücken mit deren künstlerischer Verarbeitung

1910 gelebt und war zu seiner Zeit ein anerkannter Künstler. Dass der Erzähler dieses Bild erwähnt, kann man zunächst als ein realistisches Detail deuten, mit dem er dem Leser die vornehm ausgestattete Wohnung Bothos vor Augen führen will. Auf den zweiten Blick kann man das Bild aber auch als Anspielung auf Bothos Innenleben deuten: So wie sich die Seeleute bei stürmischer See in Seenot befinden, so befindet sich auch Botho in einer für ihn „stürmischen" Situation, indem er die unstandesgemäße Beziehung zu Lene eingegangen ist. Der Leser erhält also über ein realistisches Detail einen Hinweis auf die innere Verfassung Bothos.

Gegenentwurf zum Menschenbild der Klassik Ein letzter Aspekt des Literaturverständnisses Fontanes sei hier angeführt. Mit seinem Konzept realistischen Schreibens wendet er sich besonders gegen die Literatur der Klassik. Diese stellte das Ideal eines Menschen dar, der in der Lage ist, sich ethisch autonom, aus freiem Willen, den gesellschaftlichen Ansprüchen zu stellen. Fontane dagegen sieht den Menschen weitgehend als fremdbestimmt an. Ihm zufolge ist der Wille des Menschen wesentlich determiniert durch die gesellschaftlichen Normen und Konventionen. Es ist Lene, die diesen Gedanken in aller Deutlichkeit Botho gegenüber ausspricht: „Du liebst mich und bist schwach. Daran ist nichts zu ändern. Alle schönen Männer sind schwach, und der Stärkre beherrscht sie … Und der Stärkre … ja, wer ist der Stärkre? Nun, entweder ist's deine Mutter oder das Gerede der Menschen oder die Verhältnisse. Oder vielleicht alle drei …" (S. 34, Z. 29 ff.)

Die Erzählsituation des Romans

Fontane über den Erzähler In einem Brief an seinen Schriftstellerkollegen Friedrich Spielhagen (1829–1911) äußert sich Theodor Fontane indirekt über die Funktion des Erzählers:

„Das Hineinreden des Schriftstellers ist fast immer von Übel, mindestens überflüssig. Und was überflüssig ist, ist falsch. Allerdings wird es mitunter schwer festzustellen sein, wo das Hineinreden beginnt. Der Schriftsteller muss doch auch, als *er* [gemeint ist: als Erzähler; M.F.] eine Menge tun und sagen. Sonst geht es eben nicht oder wird Künstelei. Nur des Urteilens, des Predigens, des klug und weise Seins muss er sich enthalten."[1]

Fontane verlangt hier, dass sich der Schriftsteller zurückhalten soll, über den Erzähler als Sprachrohr des Autors die Handlungen seiner Romanfiguren zu kommentieren. Dahinter steckt ein zum Ende des 19. Jahrhunderts hin deutlich zu bemerkendes Misstrauen gegen den auktorialen Erzähler, der in der Lage ist, den Überblick über eine immer komplexer werdende Welt zu wahren: „Seit Goethes und Hegels Tod befindet sich die Menschheit in einem Umbruch. Der Glaube an eine vernünftige Ordnung der Welt, die Bemühungen, alle Spannungen und Probleme im Sinne der Humanität zu lösen [...], beginnen dahinzuschwinden und zu zerbrechen. Die moralischen, ethischen und ästhetischen Wertsetzungen des 18. und 19. Jahrhunderts werden nach und nach aufgegeben. Ordnung, Klarheit, Maß, Ruhe, Schönheit, Harmonie und die Selbstvollendung der eigenen Persönlichkeit sind keine Ziele mehr"[2].

Fontane steht am Anfang einer Entwicklung des Erzählens, die im 20. Jahrhundert radikalisiert wird: „An die Stelle der Linearität der Handlungsführung, der Kontinuierlichkeit und Folgerichtigkeit der Gestaltungsweise der traditionellen Erzählkunst tritt die Auflösung der alten, logisch bedingten raumzeitlichen Gegebenheiten zugunsten einer

Misstrauen gegen das auktoriale Erzählen

---

[1] Theodor Fontane: Briefe. Werke, Schriften und Briefe, hrsg. von Walter Keitel und Helmut Nürnberger. München: Hanser 1976–1988, Abt. 4, Band 4, S. 533

[2] Neis, Edgar: Struktur und Thematik der traditionellen und modernen Erzählkunst. Paderborn 1965, S. 7

vieldimensionalen und äußerst differenzierten subjektiven Darstellung der Phänomene"[1]. Die Romane Franz Kafkas (1883–1924) und Alfred Döblins (1878–1957) mögen dafür exemplarisch stehen.

Mischung aus unterschiedlichem Erzählverhalten

Fontane allerdings hält noch an dem auktorialen Erzählverhalten fest, gleichwohl zeigt er sich – entsprechend seiner Äußerung in dem oben genannten Brief – zurückhaltend mit Erzählerkommentaren. Seine Erzählweise ist gekennzeichnet durch eine Mischung aus auktorialem, neutralem (insbesondere durch die sehr häufige Wiedergabe von Gesprächen) und auch personalem Erzählverhalten.

Auktoriales Erzählverhalten

Gleich zu Beginn des Romans (Kapitel 1 und 2) lässt sich ein auktoriales Erzählverhalten nachweisen. Der Erzähler gibt die Geschichte aus einer zeitlichen Distanz wieder (vgl. S. 5, Z. 3), er spricht indirekt den Leser an („unserer Erzählung", S. 5, Z. 26), er kennt die Vergangenheit der Personen (er weiß z. B., dass Lene die Pflegetochter der Frau Nimptsch ist, vgl. S. 8, Z. 25), er kennt die Baugeschichte der Gärtnerei (vgl. S. 9, Z. 20 ff.) und er hat Einblick in die Charaktere der Personen (z. B. Dörrs fehlender Sinn für Ordnung und seine Vorliebe für das Gewöhnliche, vgl. S. 10, Z. 18 ff.). All dies deutet auf ein auktoriales, allwissendes Erzählverhalten hin. Ganz besonders deutlich wird die auktoriale Erzählweise zu Beginn des 8. Kapitels. Der Erzähler weist hier die Fähigkeit auf, an zwei verschiedenen Orten gleichzeitig zu sein: „Im Klub befanden sich um eben diese Zeit" (S. 50, Z. 1).

Einschränkung

Gleichwohl beschränkt der Erzähler schon zu Beginn des Romans bei der Beschreibung der Gärtnerei seine auktoriale Sichtweise auf die eines außenstehenden Beobachters, auch er kann nicht sehen, was sich hinter dem Wohnhaus verbirgt (vgl. S. 5, Z. 9 ff.). Dieses Spiel des Erzählers mit dem Leser hinsichtlich dessen, was er ihm mitteilt und was

---

[1] Neis, Edgar (1965), S. 9

er nicht erzählt, obwohl er es wissen könnte, lässt sich immer wieder beobachten. Am deutlichsten wird das, wenn der Erzähler die Wiedergabe von Gesprächen abbricht und es dabei dem Leser überlässt, die Gefühle und Gedanken der Personen zu erkennen.

Als ein Beispiel sei hier das Gespräch mit seinem Onkel angeführt. Am Ende des Gesprächs glaubt dieser, Botho davon überzeugt zu haben, Käthe von Sellenthin zu heiraten, und ordert zur Feier eine weitere Flasche Champagner. Damit beendet der Erzähler seinen Bericht. Der Leser erfährt nichts über Bothos Reaktion. Der Erzähler führt keine Antwort Bothos an, noch berichtet er über Bothos Gedanken (vgl. S. 49). Er überlässt dies der Fantasie des Lesers, der diese Leerstelle füllen muss.

Ähnliches lässt sich an einer anderen Stelle beobachten. Im 9. Kapitel berichtet der Erzähler über Lenes und Bothos Spaziergang mit Frau Dörr, auf dem sie gemeinsam das Lied singen „Denkst du daran". Der Erzähler zitiert nur eine Zeile aus diesem Lied und kommentiert dann: „Aber Lene und Botho waren ernst geworden" (S. 61, Z. 26f.), womit das Kapitel endet. Er verrät nichts über Bothos und Lenes Gedanken, sodass der Leser selbst eine Beziehung zwischen dem Liedtext und der Situation Lenes und Bothos herstellen muss, um herauszufinden, warum sie ernst geworden sind.

Auch den Schlusssatz des Romans, Bothos Kommentar zu der Nachricht von Lenes Hochzeit mit Gideon Franke („Gideon ist besser als Botho", S. 179, Z. 18), lässt der Erzähler unkommentiert, sodass wiederum der Leser gefordert ist, diese Aussage Bothos zu deuten.[1]

Neben der auktorialen Erzählweise findet sich das neutrale Erzählverhalten, ein Erzählverhalten, das dem eines beliebi-

Neutrales Erzählverhalten

---

[1] Zur Deutung des Schlusssatzes siehe das Kapitel „Zum Verständnis des Romans: Der Schlusssatz und der Titel des Romans", S. 124.

gen Beobachters entspricht. Dabei ist der Übergang vom auktorialen zum neutralen Erzählverhalten fließend. Beispielhaft sei dafür die zweite Hälfte des 1. Kapitels angegeben, das Gespräch zwischen Frau Nimptsch und Frau Dörr (vgl. S. 6, Z. 27 ff.).

Das Gespräch wird eingeleitet durch einen Erzählerbericht, der Frau Nimptsch an ihrem Herd sitzend beschreibt. Hier lässt sich noch auktoriales Erzählverhalten nachweisen, wenn der Erzähler von „unsre Frau Nimptsch" spricht (S. 6, Z. 17 f.), den Leser also miteinbezieht. Im Folgenden dominiert aber das neutrale Erzählverhalten, indem er entweder nur die wörtliche Rede (Figurenrede) wiedergibt oder die Beobachtungen auf die eines Außenstehenden beschränkt: „Frau Nimptsch verstand *augenscheinlich* nicht recht, was die Dörr meinte" (S. 7, Z. 23 f.; Hervorhebung; M.F.). Die Zurückhaltung des Erzählers bei der Wiedergabe von Gesprächen geht so weit, dass er entweder völlig auf Verben der Redeeinleitung verzichtet (vgl. S. 7, Z. 4–14 und viele andere Stellen) oder auffallend häufig die neutralen Verben „sagen" bzw. „antworten" benutzt. Zusätze, die das Gesagte näher erläutern, sind eher selten und beschränken sich dann auf das, was auch ein Beobachter wahrnehmen könnte (Beispiel: „,Himmeldonnerwetter', schrie Dörr in Wut", S. 12, Z. 13).

Da schätzungsweise achtzig Prozent des Romans aus Gesprächen bestehen, kann man festhalten, dass das neutrale Erzählverhalten weitaus dominiert. Dadurch entsteht beim Leser der Eindruck der Objektivität des Erzählten, und er ist aufgefordert, selbst das Verhalten der Figuren für sich zu bewerten.

Personales Erzählverhalten

Beispiele für personales Erzählen finden sich nur selten in dem Roman. Zwar gewährt der Erzähler immer wieder kurze Einblicke in das Innenleben der Figuren, was allerdings für das Verständnis selbst nicht weiter von Belang ist. So findet sich in den ersten beiden Kapiteln nur eine kurze

Passage mit Anzeichen von personalem Erzählen, wenn der Erzähler berichtet, was Herr Dörr in seinem Garten hört bzw. sieht (vgl. S. 12, Z. 4 ff.).

Personales Erzählen findet sich vor allem in Situationen, in denen sich entweder Botho oder Lene in einer persönlichen Krise befinden. Ein Beispiel für das personale Erzählverhalten aus Sicht Bothos zeigt sich im Zusammenhang mit seiner Fahrt zum Grab der Frau Nimptsch. Das vorangegangene Gespräch mit Gideon Franke hat ihn innerlich aufgewühlt. Der Erzähler berichtet aus der Innensicht Bothos: „Rienäcker, als er wieder allein war, war von dieser Begegnung und vor allem von dem, was er zuletzt gehört, wie benommen. Wenn er sich, in der zwischenliegenden Zeit, des kleinen Gärtnerhauses und seiner Insassen erinnert hatte, so hatte sich ihm selbstverständlich alles so vor die Seele gestellt, wie's einst gewesen war, und nun war alles anders und er hatte sich in einer ganz neuen Welt zurechtzufinden" (S. 146, Z. 16 ff.). Und nachdem er das Lied gehört hat, das er mit Lene und Frau Dörr gesungen hat, heißt es: „Botho, die Stirn in die Hand drückend, warf sich in die Droschke zurück und ein Gefühl, unendlich süß und unendlich schmerzlich, ergriff ihn." (S. 153, Z. 3 ff.) Ein weiteres Beispiel für personales Erzählen aus Sicht Bothos findet sich bei seinem Ausritt, der ihm helfen soll, eine Entscheidung zu fällen, ob er sich von Lene trennen soll (vgl. Kapitel 14).

Für personales Erzählverhalten aus Sicht Lenes gibt es nur ein Beispiel, nämlich im Zusammenhang mit ihrem alleinigen Aufenthalt in dem Zimmer in Hankels Ablage. Hier teilt der Erzähler mit, was Lene in ihrem Inneren bewegt: „Die Ruhe, die Wärme taten ihr wohl" (S. 80, S. 8 f.). Der Erzähler kann auf die Wiedergabe der Gefühle Lenes weitgehend verzichten, da es zu ihrem Charakter gehört, ihre Gefühle offen auszusprechen. Dies unterscheidet sie von Botho, dem dies nicht gelingt.

Das personale Erzählverhalten ermöglicht eine größere Nähe des Lesers zu der Figur, es bietet ihm die Möglichkeit der Identifikation mit dieser Person. Aber es stellt auch eine starke Leserlenkung dar, auf die der Erzähler weitgehend verzichten will.

Diese Zurückhaltung des Erzählers ist sehr konsequent. So findet sich an einer zentralen Stelle des Romans, der Begegnung Lenes mit den drei „Damen" von Bothos Klubkameraden, kein personales Erzählverhalten, d. h., der Leser erfährt nicht direkt, was in Lene vorgeht, obwohl sie emotional sehr betroffen sein muss. Er muss sich ihre Gefühlslage selbst erschließen.

Erzählhaltung

Nähe und Distanz zum Erzählten

Bemerkenswert ist noch die Erzählhaltung des Erzählers, also seine Nähe und Distanz zu dem Erzählten, insbesondere zu seinen Figuren. Aufschlussreich dazu ist eine Bemerkung Fontanes zu dem, was ein Roman beim Leser bewirken soll: „Er [sc. Der Roman] soll uns […] am Schluss aber empfinden lassen, teils unter lieben und angenehmen, teils unter charaktervollen und interessanten Menschen gelebt zu haben."[1] Diese Forderung trifft auf alle Romane Fontanes zu, so auch auf den Roman „Irrungen, Wirrungen". Alle Figuren, mit ganz wenigen Ausnahmen, werden vom Erzähler als liebenswürdige, sympathische Menschen gezeichnet, auch wenn sie wie z. B. Herr und Frau Dörr etwas außerhalb der Norm denken und agieren. Seine Nähe zu Lene und Botho macht der Erzähler deutlich, indem er sie beide mit ihren Vornamen bezeichnet. Bei Lene geschieht dies ausnahmslos. Botho wird an nur wenigen Stellen vom Erzähler als „Baron Botho von Rienäcker" (S. 35, Z. 30), „Baron Rienäcker" (S. 36, Z. 33) oder schlicht als „Rienäcker" (S. 37, Z. 30) bezeichnet, und zwar dann, wenn er in seiner Rolle als Baron und Offizier und nicht als Geliebter oder Ehemann agiert. Der Erzähler

---

[1] Schöningh Textausgabe, S. 191

kennzeichnet also durch die Namensbezeichnung den Rollenwechsel Bothos. Käthe von Sellenthin wird stets vom Erzähler mit ihrem Vornamen bezeichnet.

Ein distanziertes Verhältnis zeigt der Erzähler zu Baron Osten, indem er ihn als einen Vertreter der gesellschaftlichen Macht auftreten lässt, die eine Beziehung zwischen Botho und Lene verhindern will. Eher humorvoll-karikaturistisch werden die drei „Damen" dargestellt, die Bothos Kameraden auf dem Ausflug zu Hankels Ablage begleiten. Der Erzähler macht durch diese Darstellung den Unterschied deutlich, der zwischen Lene und den drei „Damen" besteht.

Zur vermeintlichen Objektivität des Erzählens gehört auch der Verzicht auf direkte Vorwegnahmen der kommenden Handlungen, obwohl ihm dies aufgrund seines Überblicks über das Geschehen (er erzählt ja rückblickend) möglich wäre. Stattdessen finden sich aber in der Auswahl dessen, was der Erzähler für berichtenswert betrachtet, immer wieder Anspielungen auf zukünftiges Geschehen. So werden dem Leser Lene und Botho in einer Situation des Abschiednehmens vorgestellt (vgl. S. 8, Z. 35 ff.). Die Sinnsprüche, die sich in den Knallbonbons finden, die Botho mitgebracht hat, lassen sich auf das Verhältnis von Lene und Botho beziehen (vgl. Kapitel 4). Dass sich Hankels Ablage nicht als der erwünschte einsame Platz, sondern als beliebtes Ausflugsziel erweist, deutet schon auf die Konfrontation mit der Öffentlichkeit hin (vgl. Kapitel 12). Die Liste solcher Anspielungen ließe sich noch weiter fortsetzen.[1]

Verzicht auf Vorwegnahmen, aber Anspielungen

Zusammenfassend kann man sagen, dass sich der Erzähler eher als Chronist denn als Kommentator der Handlung versteht. Deutlich wird dies zum einen an den relativ genauen Zeitangaben zu Beginn der Kapitel: „Andern Vormittags", S. 9, Z. 3; „Und nun war der andre Abend da", S. 21, Z. 5,

Zurückhaltung des Erzählers

---

[1] Siehe dazu das Kapitel „Zur Motivstruktur des Romans", S. 113.

„Es war die Woche darnach", S. 35, Z. 28 u. a. Zum anderen wird seine Tätigkeit als Chronist deutlich, wenn er für unwesentlich gehaltene Zeiträume überspringt und sie in stark zeitraffender Erzählweise zusammenfasst (vgl. die Anfänge des 16., 17. und 18. Kapitels, die jeweils zeitraffend erzählt sind). Der Erzähler des Geschehens gibt sich zwar deutlich zu erkennen, entzieht sich aber weitgehend einer direkten Kommentierung der Handlung und des Verhaltens der Figuren. Er liefert dem Leser die notwendigen Informationen, die Bewertung überlässt er aber ihm. Gleichwohl gibt er Hinweise vielfältiger Art, wie er das Geschehen verstanden haben will.

Erzähltes und Nichterzähltes

Zu der besonderen Erzähltechnik von Theodor Fontane gehört der Umgang mit Erzähltem und Nichterzähltem. Soll der Roman nicht ins Uferlose auswuchern, muss der Erzähler entscheiden, über was er berichtet bzw. was er weglässt. Beide Aspekte erhalten durch diese Entscheidung eine gewisse Gewichtung, der hier einmal beispielhaft nachgegangen werden soll.

1. Beispiele für das Erzählen von Details und deren Bedeutung

Im 4. Kapitel berichtet der Erzähler von dem gemeinsamen Abend, den Botho mit Lene, Frau Nimptsch und den Dörrs verbringt. Er erzählt dabei, dass Botho Knallbonbons von einer großen Herren- und Damenfête mitgebracht hat. Der Erzähler hätte diese Passage ohne Weiteres weglassen können, da sie zunächst kein notwendiges Detail zum Verständnis der Handlung darstellt. Untersucht man aber die in den Knallbonbons enthaltenen Sinnsprüche genauer, so zeigt sich ein deutlicher Hinweis auf die Beziehung von Lene und Botho.

Der erste Spruch („In Liebe selbstvergessen sein/Freut Gott und die lieben Engelein", S. 24, Z. 23 f.) legitimiert quasi die an damaligen gesellschaftlichen Normen gemessene Unrechtmäßigkeit der unstandesgemäßen Beziehung. „Selbstvergessen" meint hier, dass sich die Liebenden ganz auf sich konzentrieren, ohne die Umwelt, hier die Gesellschaft, wahrzunehmen. Diese Art der unbedingten Liebe wird im Sinnspruch noch religiös überhöht durch den Hinweis auf Gott und die Engel.

Der zweite Spruch dagegen („Wo Amors Pfeil recht tief getroffen,/Da stehen Himmel und Hölle offen", S. 24, Z. 31 f.) enthält eine Warnung an die Liebenden, dass sie neben dem höchsten Glück auch tiefstes Unglück erleben können. Dies kann als Vorausdeutung des künftigen Schicksals von Lene und Botho interpretiert werden.

Festzuhalten ist, dass der Erzähler, indem er diese Episode für erzählenswert betrachtet, dem Leser eine gewisse Vorahnung über das Schicksal von Lene und Botho vermittelt.

Ein weiteres Beispiel findet sich im Zusammenhang mit Bothos Ausritt, auf dem er sich Klarheit über seine Beziehung zu Lene verschaffen will (vgl. Kapitel 15). Der Erzähler gibt auf der einen Seite Bothos Gedanken wieder. Auf der anderen Seite berichtet er zusätzlich über Details des Ausritts. So handelt es sich z. B. bei dem Pferd, auf dem Botho reitet, um eine prächtige Fuchsstute, die er von seinem Onkel geschenkt bekommen hat und um die ihn seine Kameraden beneiden. Auch dieses Detail ist an sich unwichtig, gewinnt aber bei näherer Betrachtung eine tiefer gehende Bedeutung. Es zeigt nämlich noch einmal Bothos finanzielle Situation auf: Den Luxus, den er sich leistet, kann er gar nicht aus eigenen Kräften bestreiten, vielmehr ist er abhängig von der finanziellen Zuwendung seines Onkels (und später der Familie von Sellenthin). Damit ist schon vorweggenommen, dass er, wenn er diesen Luxus behalten will, sich gegen Lene entscheiden muss.

So lassen sich viele Passagen des Erzählten finden, die für sich betrachtet als nebensächlich erscheinen, die aber auf der Deutungsebene auf Wesentliches hinweisen.

An einer Stelle legt der Erzähler selbst Rechenschaft ab, warum er etwas erzählt. Er berichtet zu Beginn des 17. Kapitels über die Ehe zwischen Käthe und Botho, die im Großen und Ganzen in seinen Augen glücklich verläuft, auch wenn, wie er einräumt, Botho immer wieder durch „Zufälligkeiten" (S. 117, Z. 30) an Lene erinnert wird und dabei starke Emotionen erlebt. Was er mit „Zufälligkeiten" meint, erläutert der Erzähler dem Leser an einem Beispiel und weist auch explizit auf den erläuternden Charakter hin: „Eine solche Zufälligkeit ereignete sich gleich im ersten Sommer" (S. 117, Z. 35f.).

2. Beispiele für Aussparungen beim Erzählen

Ebenso interessant ist Fontanes Technik, das Geschehen an bestimmten Stellen abzubrechen. Dies lässt sich besonders bei Gesprächen beobachten.

Als ein Beispiel sei hier das Gespräch in dem Restaurant Hiller mit Bothos Onkel Baron Osten angeführt (vgl. Kapitel 7). Am Ende des Gesprächs glaubt dieser, Botho davon überzeugt zu haben, Käthe von Sellenthin zu heiraten, und ordert zur Feier eine weitere Flasche Champagner. Damit beendet der Erzähler seinen Bericht. Der Leser erfährt nichts über Bothos Reaktion. Der Erzähler führt keine Antwort Bothos an, noch berichtet er über Bothos Gedanken. Er überlässt dies der Fantasie des Lesers, der diese Leerstelle füllen muss.

Ähnliches lässt sich an einer anderen Stelle beobachten (vgl. Kapitel 9, Spaziergang Lene, Botho und Frau Dörr, vgl. auch S. 105 Mitte in der Lektürenhilfe).

Zusammenfassend lässt sich sagen, dass sowohl das Erzählen von vermeintlich nebensächlichen Details als auch das Aussparen von Erzähltem im Dienste der Leserlenkung stehen. Das Erzählen von Details dient nicht nur der Ausgestaltung einer möglichst realistischen Szene, sondern besitzt häufig symbolischen Charakter, den der Leser sich erschließen muss. Das Aussparen von Erzähltem wiederum verlegt die realistische Ausgestaltung in die Fantasie des Lesers und fordert ihn damit zur Stellungnahme auf.

Zur Motivstruktur des Romans

Zum literarischen Programm des poetischen Realismus, wie Theodor Fontane ihn versteht, gehört es, nicht die Wirklichkeit naturgetreu abzubilden, sondern die vorgefundene Wirklichkeit als einen „Marmorsteinbruch" aufzufassen, der dem Künstler den Stoff liefert für ein Kunstwerk, aber noch nicht das Kunstwerk selbst darstellt. Aufgabe des Künstlers ist es, den Rohstoff, den die Wirklichkeit liefert, künstlerisch zu bearbeiten, um so ein ästhetisch wertvolles Werk zu schaffen.

Poetischer Realismus

Ein wesentliches Mittel, das Theodor Fontane zu dieser künstlerischen Gestaltung nutzt, besteht darin, das Geschehen mit einem dichten Gewebe an Motiven zu durchziehen. Dabei wird hier unter einem Motiv eine Handlungseinheit verstanden, die bestimmte Wesensmerkmale oder emotionale Zustände der Handlungsfiguren symbolisiert oder auch das Handlungsgeschehen kommentiert.

Bedeutung der Motive

Erzähltechnik des Doppelmotivs

Im Roman „Irrungen, Wirrungen" nutzt Fontane eine besondere Erzähltechnik, die man als „Doppelmotiv" bezeichnen könnte: Ein Motiv erscheint zweimal oder auch mehrmals im Roman in unterschiedlichen Kontexten und bildet hierbei einen Kontrast. Dieser Kontrast gibt wichtige Aufschlüsse über die Charaktere und die Handlungsweisen der jeweiligen Figuren.

Das Doppelmotiv des Walzertanzes:

Als Botho Lene in ihrer Wohnung besucht, ertönt vom Zoologischen Garten her Walzermusik, und Botho ergreift die

Doppelmotiv des Walzertanzes

Initiative, tanzt mit Lene und flüstert ihr Komplimente zu (vgl. Kapitel 4). Die Szene zeigt Lene und Botho in inniger Verliebtheit, allerdings in einem nicht der Öffentlichkeit zugänglichen Rahmen. Eine ganz ähnliche Situation erlebt Botho mit Käthe, als er mit ihr auf dem Balkon ihrer gemeinsamen Wohnung sitzt (also der Öffentlichkeit präsent) und wiederum vom Zoologischen Garten her Walzermusik ertönt. Diesmal ist es aber Käthe, die die Initiative ergreift und Botho ohne seine Zustimmung von seinem Stuhl zieht und mit ihm zu tanzen beginnt (vgl. Kapitel 17). Und nicht er, sondern sie macht ihm Komplimente, bemerkt aber, dass sie ihn in Verlegenheit bringt, geht dieser Verlegenheit jedoch nicht weiter nach.

Mit dem Doppelmotiv des Walzertanzes wird die Unterschiedlichkeit der beiden Beziehungen Bothos verdeutlicht: auf der einen Seite das innige Zusammensein mit Lene, auf der anderen Seite seine distanzierte Haltung Käthe gegenüber.

Doppelmotiv des Herds/des Kamins

Das Doppelmotiv des Herds/des Kamins:

Der Herd in der Wohnung von Lene und Frau Nimptsch wird mehrfach erwähnt. Er ist der Lieblingsplatz von Frau Nimptsch, und seine Erwähnung erweckt bei dem Leser das Gefühl der Wärme und Behaglichkeit. Diese Wärme des Herds korrespondiert auch mit dem Umgang der Menschen untereinander, der, wie sich besonders im Zusammenhang mit dem Sterben von Frau Nimptsch zeigt, von menschlicher Wärme geprägt ist. Im Kontrast dazu steht der Kamin in Bothos und Käthes Wohnung, der genau diese Funktion nicht erfüllt, da sein Feuer, wie der Erzähler berichtet, „nur des Anblicks und des Luftzuges halber" (S. 111, Z. 18f.) brennt. Entsprechend wird es in der Ehe zwischen Botho und Käthe an menschlicher Nähe und Wärme fehlen (vgl. die Kinderlosigkeit der Ehe). Auch bei späteren Erwähnungen wird nicht die Wärme des Kamins erwähnt, sondern er wird einmal von Botho benutzt, um

Lenes Liebesbriefe zu verbrennen, und einmal von Käthe, um die Asche der verbrannten Briefe noch einmal zu verbrennen.

Das Doppelmotiv der Erzählung über die Kuriositäten im Grünen Zwinger:

Dieses Doppelmotiv dient der Charakterisierung Käthes und macht gleichzeitig Bothos Distanz zu ihr deutlich.

An dem Abend, an dem Botho mit Lene Walzer tanzt, parodiert er auch die Oberflächlichkeit der Gespräche seiner Gesellschaftsschicht. In dieser Parodie spielt die Erwähnung der Kuriositäten aus dem Grünen Zwinger in Dresden eine wichtige Rolle. Und genau diese Kuriositäten stellt Käthe als Besonderheit ihrer Hochzeitsreise heraus. Käthe erweist sich damit als typisches Mitglied ihrer Gesellschaftsschicht, zwar redselig, aber ohne gedanklichen Tiefgang. Botho ängstigt diese Oberflächlichkeit; offensichtlich fürchtet er, keine rechte Bindung zu Käthe aufbauen zu können, die er ja nicht wirklich freiwillig gewählt hat.

Das Doppelmotiv der Erdbeere:

Dieses Doppelmotiv verdeutlicht zum einen die Liebe, die Lene und Botho miteinander verbindet, zum anderen die Desillusionierung Lenes.

Auf dem Spaziergang mit Botho (vgl. Kapitel 5) nutzt Lene eine gepflückte Erdbeere zu einem kleinen erotischen Spiel mit Botho, wodurch dem Leser die Innigkeit der Beziehung verdeutlicht wird. Zum zweiten Mal taucht das Motiv der Erdbeere beim Spaziergang der drei „Damen" mit Lene während des Besuchs von Hankels Ablage auf. Hier wird aus dem erotischen Spiel zwischen Lene und Botho die routinierte, mühevolle und berechnende Tätigkeit einer Prostituierten (vgl. Kapitel 13). Der Erzähler verrät nichts über die innere Befindlichkeit Lenes, aber ihr muss klar sein, dass in den Augen der Öffentlichkeit auch ihre Beziehung zu Botho von purem Egoismus geprägt ist.

Doppelmotiv der Kuriositäten

Doppelmotiv der Erdbeere

Doppelmotiv des
Liedes „Denkst du
daran"

Das Doppelmotiv des Liedes „Denkst du daran":

Das Lied „Denkst du daran" gewinnt für den Leser dadurch, dass es in zwei unterschiedlichen Kontexten erwähnt wird, und dadurch, dass es vom Erzähler abgewan-
delt wird, eine je andere Bedeutung.

Als Lene, Botho und Frau Dörr das Lied auf ihrem Spaziergang singen (vgl. Kapitel 9), zitiert der Erzähler den Vers
„Ich denke dran ... ich danke dir mein Leben" (S. 61,
Z. 22 f.). Für den Leser wird durch diesen Vers die Ernsthaftigkeit der Beziehung von Lene und Botho deutlich. Ihre
Liebe, so wird suggeriert, bildet ihren Lebenssinn. Der Erzähler verstärkt diesen Eindruck noch, indem er darauf verweist, dass Botho und Lene nach dem Lied „ernst" (S. 61,
Z. 27) werden.

Auf der Fahrt zum Grab der Frau Nimptsch hört Botho dieses Lied erneut. Diesmal zitiert der Erzähler aber einen weiteren Vers: „Ich denke dran, ich danke dir mein Leben, doch
du Soldat, Soldat, denkst *du* daran?" (S. 153, Z. 1 f.) Mit diesem zusätzlichen Vers ändert sich die Bedeutung des Liedes
für den Leser. Er kann es nun als eine Anklage gegen Botho
verstehen, der mit seiner Entscheidung gegen Lene eben
nicht an seine Verantwortung ihr gegenüber gedacht hat.
Botho selbst scheint es auch so zu verstehen, denn neben
einem „süß[en]" Gefühl (S. 153, Z. 4) wegen der Erinnerung an die glücklichen Stunden mit Lene herrscht ein
„schmerzlich[es]" Gefühl (S. 153, Z. 5) in ihm vor.

Doppelmotiv
der Briefe von
Lene und Käthe

Das Doppelmotiv der Briefe von Lene und Käthe:

Als ein Doppelmotiv lassen sich auch der Brief von Lene an
Botho (vgl. Kapitel 5) und die Briefe von Käthe von ihrer
Fahrt nach Schlangenbad (vgl. Kapitel 20) betrachten. Sie
unterscheiden sich sowohl im Inhalt als auch in ihrer äußeren Form und verdeutlichen so die unterschiedlichen Charaktere der beiden Frauen.

Lenes Brief beinhaltet sowohl die Beteuerung ihrer Liebe zu
Botho als auch ihre Sorgen um die Zukunft der Beziehung.

Er ist also sehr persönlich verfasst. Käthes Briefe dagegen handeln ganz überwiegend von Äußerlichkeiten, z.B. der Beschreibung ihrer Reisebegleiter. Über ihre Empfindungen gegenüber Botho schreibt sie dagegen nichts.

Mit diesen Briefen werden noch einmal auf der einen Seite Lenes Ernsthaftigkeit und Wahrhaftigkeit und auf der anderen Seite Käthes Oberflächlichkeit deutlich. Diese Charakterzüge spiegeln sich dann auch in der äußeren Gestaltung der Briefe wider. Lenes Brief ist laut Bothos Aussage „[k]alligrafisch" gut (S. 39, Z. 12), während der Erzähler Käthes Schrift als „undeutliche[s] Gekritzel" bezeichnet (S. 136, Z. 34).

Leitmotive

Neben den Doppelmotiven lassen sich weitere Motive auffinden, die im Roman immer wieder auftreten und so die Funktion von Leitmotiven gewinnen, Motiven mit besonderer Bedeutung.

Ein solches Leitmotiv ist das Gebundensein. Gemeint ist die Bindung an einen Partner, sei es durch eine äußere Vereinbarung oder durch das innere Gefühl der Liebe. Die Metapher des Gebundenseins steht dabei für eine innere Verpflichtung, die eine gewisse Einschränkung der eigenen Handlungsfreiheit einschließt (vgl. dazu das Motiv der Freiheit bzw. des Freiseins).

Leitmotiv des Gebundenseins

Zum ersten Mal erwähnt wird das Motiv von Baron Osten, der Botho darauf hinweist, dass er „so gut wie gebunden" sei (S. 48, Z. 15 f.). Die Einschränkung „so gut wie" macht allerdings deutlich, dass Botho die innere Verpflichtung noch nicht eingegangen ist, ihm also ein Handlungsspielraum bleibt.

Anders verhält es sich, als Lene den für Botho gepflückten Blumenstrauß auf Bothos Vorschlag mit einem ihrer Haare zusammenbindet. Apodiktisch, d.h. ohne Einschränkung, stellt sie fest: „Du hast es gewollt. […] Nun bist du gebunden." (S. 73, Z. 29 f.) Für sie ist damit offensichtlich Botho die oben angesprochene innere Verpflichtung eingegangen, von der er sich nicht ohne Weiteres lösen kann.

Der weitere Verlauf der Handlung gibt ihr recht, denn auch nach der Trennung und auch nach dem Verbrennen der Liebesbriefe und des Blumenstraußes stellt Botho fest: „Alles Asche. Und *doch* gebunden." (S. 157, Z. 26)

Leitmotiv des Freiseins

Mit dem Motiv des Gebundenseins korrespondiert das Motiv des Freiseins. Das Motiv wird zum ersten Mal von Bothos Klubkamerad Pitt erwähnt, der sich Gedanken über Botho macht (vgl. Kapitel 8). Für ihn folgt aus der Ernsthaftigkeit der Beziehung Bothos zu Lene ein Verlust der Freiheit, und er vergleicht Bothos Situation mit der eines Fuchses in der Falle, der sich nur dadurch befreien kann, dass er sich ein Bein oder eine Pfote abbeißt. Übertragen bedeutet das, dass Botho mit der ernsten Beziehung zu Lene seine Freiheit verloren hat, die er nur durch eine Trennung von Lene wiedererlangen kann. Dies sei dann zwar ein schmerzlicher Prozess, das Wichtigste aber sei die Wiedergewinnung der Freiheit. Interessanterweise sieht Pitt eine Hochzeit mit Käthe nicht als Verlust von Freiheit an. Offensichtlich geht er davon aus, dass Botho keine emotionale Bindung zu Käthe eingehen wird.

Das Gefühl der Unfreiheit durch die Bindung an Lene wird von Botho selbst bestätigt. Nachdem er Lenes Briefe verbrannt hat (vgl. Kapitel 23), reflektiert Botho darüber, ob er nun frei sei, und zwar frei von der emotionalen Bindung an Lene. Und er stellt fest, dass er diese Freiheit gar nicht will. Die Konsequenz aus diesem Geständnis, nämlich die Trennung von Käthe, zieht er allerdings nicht. Er bleibt, um bei dem Bild von Pitt zu bleiben, unfrei wie der Fuchs in der Falle.

Das Motiv des Freiseins erscheint noch einmal zeitlich unmittelbar nach der eben beschriebenen Szene in Bothos Gespräch mit Bogislaw von Rexin (vgl. Kapitel 24). Dieser berichtet davon, sich nach „Ehrlichkeit, Liebe, Freiheit" (S. 164,

Z. 20) zu sehen, wobei der Freiheit eine besondere Bedeutung zukommt, da Botho den Begriff wiederholt. Von Rexin versteht in dem Zusammenhang Freiheit als die Losgelöstheit von allen gesellschaftlichen und auch religiösen Zwängen, was ihm die Möglichkeit gebe, seine Beziehung zu der nicht adeligen Jette auch ohne gesetzliche oder kirchliche Legalisierung auszuleben. Gleichwohl ist ihm die Zweischneidigkeit der Freiheit bewusst, gemeint ist wohl die – im wahrsten Sinne des Wortes – Unverbindlichkeit einer solchen Beziehung. Bothos Antwort zeigt, dass er nicht bereit ist, der Bindung des Herzens (vgl. dazu S. 165, Z. 33 ff.) zu folgen. Von Rexin empfiehlt er, sich den Konventionen der Gesellschaft zu unterwerfen, d. h. auf die Beziehung zu Jette zu verzichten, so wie er selbst es in seinem Fall praktiziert.

Als ein Leitmotiv kann auch der Zoologische Garten angesehen werden. Er repräsentiert die Öffentlichkeit, und von ihm aus werden Signale gesetzt, die an sie erinnern. Erwähnung findet der Zoologische Garten bereits im ersten Satz des Romans, wobei der Erzähler auf seine zunächst räumlich gemeinte Gegenüberstellung zur Gärtnerei der Dörrs hinweist.

Leitmotiv des Zoologischen Gartens

Vom Zoologischen Garten aus ertönt die Musik, zu der Lene und Botho, allerdings verborgen vor der Öffentlichkeit, und Käthe und Botho, ausgehend vom Balkon, also der Öffentlichkeit zugewandt, tanzen (vgl. Kapitel 4 und 17). Sowohl optisch wie auch akustisch macht sich das Feuerwerk im Zoologischen Garten deutlich bemerkbar, als Lene und Botho über die Zukunft ihrer Beziehung sprechen (vgl. Kapitel 5). Und nicht zuletzt richten sich Lenes Hoffnungen auf die Lästerallee im Zoologischen Garten, auf der sie sich gerne mit Botho präsentieren würde (ebenfalls Kapitel 5).

Motiv des geöffneten Fensters

Ein in der literarischen Tradition und auch von Theodor Fontane in seinen anderen Romanen häufig verwendetes

Motiv ist das der geöffneten Fenster, ohne dass man allerdings in diesem Zusammenhang von einem Leitmotiv sprechen könnte. Dabei hat sich keine einheitliche Bedeutung herausgebildet. Grundsätzlich aber gilt, dass das Fenster eine Grenze zwischen einem Innen und Außen markiert und bei dem Öffnen der Fenster die Grenze zumindest partiell durchlässig wird. Oftmals werden im Roman „Irrungen, Wirrungen" Fenster geöffnet, wenn sich Figuren in einem emotional erregten Zustand befinden und diese Emotionen sozusagen nach außen gelassen werden. So etwa öffnet Baron Osten nach seiner heftigen Kritik an der Politik Bismarcks die Fenster (vgl. Kapitel 7) oder Botho die Balkontüren während seines Gesprächs mit Gideon Franke (vgl. Kapitel 20). Das geöffnete Fenster kann auch den Bereich der Öffentlichkeit teilweise erschließen, wobei allerdings die Grenze immer noch gewahrt bleibt. Dies ist der Fall, als an dem geselligen Abend in der Wohnung von Frau Nimptsch (vgl. Kapitel 4) Botho das Fenster öffnet, um die Musik vom Zoologischen Garten hereinzulassen (vgl. Kapitel 4). Das geöffnete Fenster kann auch Symbol für eine gelingende Kommunikation sein, wie sie bei dem Gespräch zwischen Lene und Frau Dörr stattfindet, das beide am geöffneten Fenster führen (vgl. Kapitel 3). Eine etwas speziellere Bedeutung gewinnt das Motiv, als Lene in ihrem Zimmer in Hankels Ablage das Fenster öffnet. Hier bildet das Fenster die Grenze zwischen den gesellschaftlichen Zwängen im Inneren, die Lene bei dem Betrachten der Gemälde verspürt, und der von diesen Konventionen freien Natur außerhalb des Zimmers. Indem Lene ganz dicht an das geöffnete Fenster rückt, nimmt sie teil an dieser Natur und vermag so ihre Verstimmung zu überwinden.

Man kann noch den Balkon als eine Variante des geöffneten Fensters hinzunehmen. Beim Balkon kann die Grenze zwischen dem Innen und Außen überschritten werden. Deshalb ist es Botho und Käthe auch möglich, sich auf dem Balkon aufzuhalten, da ihre Beziehung nicht vor der Öffentlichkeit verborgen werden muss (vgl. Kapitel 16 und 17). In den Romanen von Theodor Fontane spielen Motive eine besondere Rolle, da er seinen Erzählern über weite Strecken Zurückhaltung bei der Kommentierung von Figuren und deren Handlungsweisen auferlegt. Über die Motivik erhält der Leser allerdings Aufschluss darüber, wie eine Handlung von ihm verstanden werden soll.

Sprache als Kennzeichen der sozialen Stellung

Fontane sieht die Aufgabe eines Schriftstellers darin, seinen Lesern glaubhafte Figuren vorzustellen, die nicht als Kunstprodukte erscheinen, sondern die ihm, vorausgesetzt, er lebt in der Zeit, im wirklichen Leben begegnen könnten. Entsprechend gestaltet Fontane die Charaktere seiner Figuren und lässt sie auch in einer Sprache reden, die sowohl ihrem sozialen Stand als auch ihrem Lebensraum entspricht.

Aufgabe des Schriftstellers: realistische Charaktere

Frau Nimptsch, Frau Dörr und Herr Dörr gehören zur unteren Gesellschaftsschicht, die nur wenig Bildung genossen haben. Ihre Sprache ist deutlich von einem mündlichen Sprachgebrauch geprägt, was sowohl die Aussprache als auch die Satzbildung betrifft. Zuweilen zeigen sich grammatische Fehler, bedingt durch den Berliner Dialekt, und es finden sich spezielle Begriffe der Berliner Umgangssprache. Der Satzbau besteht überwiegend aus einfachen Hauptsätzen.

Sprachgebrauch der unteren Gesellschaftsschichten: Frau Nimptsch, Herr und Frau Dörr

Eigentlich müsste diese Art zu sprechen auch Lene charakterisieren, denn auch sie wird keine umfangreiche schulische Bildung genossen haben (vgl. ihre Rechtschreibfehler in dem Brief an Botho). Dennoch spricht sie ein fast

Lene als Ausnahme

fehlerfreies Hochdeutsch und vermag grammatisch korrekte Satzgefüge zu bilden. Hierfür sei ein Beispiel angegeben, mit dem sie Herrn Dörr charakterisiert: „‚Ja‘, sagte Lene, ‚klüger ist er, aber auch geizig und hartherzig, und das macht ihn gefügig, weil er beständig ein schlechtes Gewissen hat. Sie sieht ihm scharf auf die Finger und leidet es nicht, wenn er jemand übervorteilen will. Und das ist es, wovor er Furcht hat und was ihn nachgiebig macht.'" (S. 31, Z. 21 ff.) Fontane ist zu sehr ein bewusst formulierender Schriftsteller, als dass man ihm hier eine Inkonsequenz vorwerfen könnte. Lene pflegt einen bewussten Umgang mit der Sprache, die der Erzähler als ihre „Unredensartlichkeit" (z. B. S. 117, Z. 28 f.) bezeichnet, die Botho besonders an ihr schätzt. Gemeint ist, dass Lene ihre Worte ernst nimmt und nichts sagt, was bloßes Gerede wäre. Umgekehrt beklagt sie sich über die Oberflächlichkeit der Konversation in Bothos Kreisen (vgl. Kapitel 4). Dieser Auffassung von der Ernsthaftigkeit des gesprochenen Wortes entspricht dann, so könnte man deuten, das Bemühen um die korrekte Verwendung der Sprache.

Die drei „Damen" Die drei „Damen", die Bothos Klubkameraden auf dem Ausflug zu Hankels Ablage begleiten, geben sich den Anschein, zur höheren Schicht zu gehören. Besonders deutlich wird dies in dem Gespräch von Isabeau mit dem Wirt, dem sie in sehr gebieterischer Form das Mittagsmenü diktiert. Ihre Sprache allerdings weist die „Damen" als Angehörige der unteren Schicht aus. Besonders deutlich wird das, als Johanna das Wort Marmor falsch ausspricht (dabei wird die falsche Aussprache durch das Schriftbild vermittelt: „Marmohr", S. 90, Z. 31 f.).

Sprachgebrauch der höheren Gesellschaftsschicht: Botho ... Botho als Angehöriger der Adelsschicht spricht ein fehlerfreies Hochdeutsch. Er unterscheidet sich aber auch in seinem Sprachgebrauch von seinen Klubkameraden. Er benutzt weder (damalige) jugendsprachliche Elemente wie

Wedell oder Pitt, die ihm sozial gleichgestellt sind, noch streut er wie sie Redewendungen aus dem Französischen, Englischen oder Lateinischen in das Gespräch ein. Er distanziert sich von dem Sprachgebrauch seiner Gesellschaftsschicht: „Ich hab eine Gleichgiltigkeit gegen den Salon und einen Widerwillen gegen alles Unwahre, Geschraubte, Zurechtgemachte. Chic, Tournure, Savoir-faire – mir alles ebenso hässliche wie fremde Wörter." (S. 101, Z. 30 ff.)

Käthe von Sellenthin zeichnet sich durch ihr Vermögen aus, viel zu reden, zumeist berichtet sie aber nur von banalen Dingen. Der Erzähler spricht denn auch ironisch von ihrem „enorme[n] Sprechtalent" (S. 129, Z. 5) bzw. deutlicher von ihrer „Schwatzhaftigkeit" (S. 129, Z. 7). Botho sieht in Käthes Sprachgebrauch das Gegenteil der Unredensartlichkeit Lenes, die er so besonders schätzt, während seine Klubkameraden, insbesondere Balafré, Käthe wegen ihrer Art des unverbindlichen Plauderns schätzen.

... Käthe von Sellenthin

Der Sprachgebrauch von Baron Osten und von Gideon Franke ist jeweils durch ihre militärische bzw. religiöse Sozialisation gekennzeichnet. Entsprechend der militärischen Sprache formuliert Baron Osten in knappen Sätzen, deren bestimmter Ton keinen Widerspruch zulässt. Gideon Franke ist sehr stark religiös geprägt, entsprechend ist seine Sprache von religiösen Redewendungen und Metaphern durchzogen.

Militärisch (Baron Osten) und religiös (Gideon Franke) geprägter Sprachgebrauch

Zusammenfassend kann man sagen, dass der Sprachgebrauch der im Roman auftretenden Figuren beeinflusst ist durch ihre soziale Herkunft und soziale Zugehörigkeit zu einer Schicht oder auch Glaubensgemeinschaft. Davon ausgenommen ist allein Lene, deren besondere Bedeutung im Roman damit hervorgehoben wird. Dass die Figuren einen durch ihre soziale Herkunft geprägten Sprachgebrauch pflegen, ist ein wichtiges Element realistischen Schreibens, das sich damit z. B. deutlich von der Sprachgestaltung klassischer Werke unterscheidet.

Zum Verständnis des Romans: Der Schlusssatz und der Titel des Romans

Rezeptions-
geschichte Der Schluss des Romans ist in der Rezeptionsgeschichte konträr beurteilt worden. Leser des Erstabdrucks in der „Vossischen Zeitung" äußerten ihren Unmut darüber, dass der Roman gar keinen Schluss habe. Offensichtlich hatten sie eine moralische Bestrafung Lenes erwartet, wie es dem Frauenbild der damaligen Zeit entsprach. Ihr Vorwurf bestand darin, dass Fontane vor allem Lene mit zu viel Nachsicht behandelt habe. Insbesondere die adelige Leserschaft hat sich aber auch an der Gestaltung der Figur Botho gestoßen, da er nicht ihrer Vorstellung eines preußischen Offiziers entsprach.

Später hat sich dann in der Fontane-Forschung die Ansicht durchgesetzt, dass die Offenheit des Schlusses ein Qualitätsmerkmal des Romans ist, da er die Beurteilung der Handlung in die Kompetenz der Leserschaft verlegt.

Alternative
Romanschlüsse Diese Unzufriedenheit der zeitgenössischen Leser wirft die Frage nach alternativen Romanschlüssen auf. Eine erste Alternative hätte darin bestanden, dass sich Lenes Ehe als unglücklich erweist, sie ihren Mann betrügt, von ihm verstoßen wird und Selbstmord begeht.[1] Durch einen solchen Romanschluss wäre ein Teil des zeitgenössischen Publikums sicher eher zufriedengestellt worden, wäre doch die alte Gesellschaftsordnung in ihrer normativen Kraft bestätigt und die Übeltäterin, die diese Ordnung außer Kraft setzen will, bestraft. Der Roman müsste dann gelesen wer-

---

[1] Eine solche Alternative ist nicht aus der Luft gegriffen. Dass Lene ihren Mann betrügen könnte, wird von den Arbeiterfrauen gemutmaßt, die Lenes Hochzeit mit Gideon Franke beobachten (vgl. S. 178, Z. 25 f.). Dass ein solcher Ehebruch allerdings nicht Lenes Charakter entspräche, soll hier nicht weiter interessieren.

den als eine Verteidigung der standesorientierten Gesellschaft.

Eine zweite Alternative hätte darin bestanden, dass sich Lene und Botho doch noch dazu entschließen, die Schranken der Gesellschaft zu überwinden, sich scheiden lassen und glücklich miteinander leben.[1] Diese Alternative hätte sicher lebhafte Proteststürme hervorgerufen, würde doch mehr oder weniger dazu aufgerufen, die geltenden gesellschaftlichen Normen zu negieren, da sie vermeintlich dem Glück der Individuen im Wege stehen.

Dass Fontane keine dieser beiden radikalen Schlussvarianten wählt, zeigt, dass er weder die alte Gesellschaftsordnung verteidigt noch als Sozialrevolutionär verstanden werden will. Damit ist aber zunächst nur ein negatives Ergebnis gewonnen, was Fontane offensichtlich will. Näheren Aufschluss über das Verständnis des Romans liefert eine Analyse des Schlusssatzes von Botho, der gleichzeitig der letzte Satz des Romans ist: „Was hast du nur gegen Gideon, Käthe? Gideon ist besser als Botho." (S. 179, Z. 17 f.) Zu unterscheiden sind zunächst mögliche Adressaten dieses Satzes. Gerichtet ist er an Käthe, die ihn aber in seiner Mehrdeutigkeit gar nicht verstehen kann. Sie kann ihn nur auf die Ästhetik der Namensgebung beziehen, da ihr weder Gideon Franke noch Lene Nimptsch bekannt sind.

Anders dagegen der Leser des Romans, der um die Verhältnisse weiß. Er kann Bothos Ausspruch als Selbstkritik lesen. Zu verstehen wäre der Satz dann so: Gideon ist ein besserer Mensch als Botho oder Gideon ist ein besserer Mann für Lene. Zu fragen ist dann, worauf sich diese Selbstkritik bezieht. Der Vorzug Gideons in den Augen Bothos liegt wohl darin, dass ihm möglich gewesen ist, wozu Botho aufgrund sei-

Der Schlusssatz des Romans

---

[1] Auf eine solche mögliche Variante weist der Schriftsteller Günter Grass (1927–2015) in seinem Fontane-Roman „Ein weites Feld" hin (Grass, Günter: Ein weites Feld. Göttingen 1995, S. 703).

ner Schwäche nicht in der Lage war: Er hat sich über gesellschaftliche Schranken hinweggesetzt (hier: Lenes Vergangenheit) und so seine Glücksvorstellung verwirklicht. Gleichzeitig sichert er Lene ein materielles Auskommen, wozu Botho ebenfalls nicht in der Lage gewesen wäre.

Aber auch andere Möglichkeiten der Deutung des Satzes sind denkbar. Der Satz könnte auch im Sinne verstanden werden: Gideon zu sein ist besser, da er mit Lene zusammenleben kann. Bei dieser Interpretation käme noch einmal die Halbherzigkeit des Glücks zum Ausdruck, die Botho in der Ehe mit Käthe empfindet.

Schließlich könnte der Schlusssatz auch gar nicht auf die Individuen Botho und Gideon bezogen sein, sondern auf diese als Vertreter ihrer gesellschaftlichen Herkunft. Damit wäre noch einmal die Kritik Bothos an der Lebensweise seines Standes aufgenommen.

Es kann hier nicht entschieden werden, welche Deutung des Schlusssatzes die zutreffende ist. Wesentlich ist, dass die Zustimmung oder Ablehnung der Aussage von Botho und damit die Bewertung seiner Figur vom Erzähler in die Kompetenz des Lesers gelegt wird. Im Roman selbst bleibt der Satz unwidersprochen.

Der Leser muss sich Klarheit verschaffen, wie seiner Meinung nach die Frage nach der Harmonie der Ordnung des Herzens und der Ordnung der Gesellschaft beantwortet werden soll.

Der Titel des Romans Dies führt zu einer näheren Betrachtung des Titels des Romans: „Irrungen, Wirrungen". Fünf der sieben sogenannten „Berliner Frauenromane" Fontanes sind nach der weiblichen Hauptfigur benannt, darunter sein erfolgreichster Roman „Effi Briest". Ausnahmen bilden nur „L'Adultera"[1] und „Irrungen, Wirrungen".

---

[1] L'Adultera bedeutet auf Deutsch: Die Ehebrecherin.

Fontanes Arbeitstitel beim Verfassen des Romans lautete noch „Irrt, wirrt". Zu fragen ist, wer in dem Roman „irrt und wirrt" bzw. auf wen oder auch was sich die „Irrungen und Wirrungen" beziehen. Innerhalb des Romans bezieht sich der Titel auf eine Aussage Bothos beim Verbrennen von Lenes Briefen. Dort steht er in einer Reihe von drei Redensarten, die Botho zitiert (vgl. S. 156, Z. 26 f.). Gemeint ist mit den Redensarten, dass Botho sich darin geirrt hat zu glauben, dass die gefühlsmäßige Beziehung stärker sein könnte als gegebene gesellschaftliche Normvorstellungen. Als Lesart ergäbe sich wieder eine eher konservative Deutung des Romans im Sinne der Verteidigung der gesellschaftlichen Normen gegen individuelle Ansprüche auf Glück.

Der Titel „Irrungen, Wirrungen" könnte sich aber auch auf die Gesellschaft beziehen. Ihr Irrtum bestünde dann darin zu glauben, dass Menschen nur auf eine Art glücklich werden können, nämlich auf die Art, die den gesellschaftlichen Erwartungen entspricht. Dieser Irrtum führt dann genau zum Gegenteil einer Ordnung, nämlich zur Verwirrung, zur Einschränkung des Glücks der Menschen. Der Roman würde dann als Appell fungieren, die starren gesellschaftlichen Normen zu lockern, um so den Ansprüchen der Individuen auf ihr persönliches Glück gerecht zu werden.

Zusammenfassend kann man sagen, dass der Roman selbst dem Leser keine eindeutigen Hinweise zu seinem Verständnis liefert, worin man, wie oben angeführt, durchaus ein Qualitätsmerkmal sehen kann.

Für die Lesart des Romans als Appell, die gesellschaftlichen Konventionen zu lockern, spricht, dass Fontane seinen Erzähler die beiden Hauptfiguren als sehr sympathisch darstellt, als Figuren, denen man es gönnen mag, dass sie zu einem gemeinsamen Glück finden, bzw. die man bedauert, weil ihnen das gemeinsame Glück verwehrt worden ist.

Der Roman „Irrungen, Wirrungen" in der Schule

Der Blick auf die Figuren: Die Personencharakterisierung

Eine literarische Figur charakterisieren – Tipps und Techniken

In einer literarischen Charakterisierung analysiert man neben den äußeren Merkmalen besonders die inneren Wesenszüge einer literarischen Figur. Auf diesem Wege gelangt man zu einer Gesamtinterpretation der Figur. Sämtliche Elemente der Charakterisierung – äußere Merkmale, charakterisierende Aussagen sowie weiterführende Deutungen – basieren auf der Textvorlage. Durch direkte und indirekte Textbelege lassen sich die Aussagen über die zu charakterisierende Figur in nachvollziehbarer Weise begründen.

Für die Erarbeitung einer literarischen Charakterisierung können unter anderem folgende Aspekte und Leitfragen von Bedeutung sein:

1. **Personalien, sozialer Status und äußeres Erscheinungsbild**
   - Was erfahren wir über Name, Geschlecht, Alter und Beruf der Figur?
   - Werden auffällige äußere Merkmale beschrieben?
   - Wie stellen sich die Lebensverhältnisse und das soziale Umfeld der Figur dar?
   - Gibt es Informationen zur Vorgeschichte der Figur?

2. Wesentliche Charaktereigenschaften

- Zeigt die Figur typische Verhaltensweisen und Gewohnheiten?
- Worin bestehen ihre hervorstechenden Wesensmerkmale und Charakterzüge?
- Welche Umstände prägen und bestimmen ihre Existenz? Welches Bild hat die Figur von sich selbst?
- Welche Werte und Einstellungen prägen ihr Handeln?
- Zeigt die Figur eine Veränderung in ihren äußeren Merkmalen bzw. eine innere Entwicklung?
- Wie wird sie von den anderen Figuren wahrgenommen?
- Welcher Art sind die Beziehungen zwischen ihr und anderen Figuren?

3. Sprachgebrauch und Sprachverhalten

- Wie kann man den Sprachgebrauch der Figur allgemein beschreiben (Sprachebene, Sprachstil)?
- Welche Auffälligkeiten lassen sich auf Satz- und Wortebene erkennen (Satzbau, Wortwahl …)?
- Welche kommunikativen Aussagen werden durch die nonverbale Kommunikation (Gestik, Mimik, Körperhaltung) transportiert?
- Welches Gesprächsverhalten, welche Gesprächsstrategien verfolgt die Figur?

4. Zusammenfassende Bewertung

- Wie lässt sich die Funktion der Figur für den Roman beschreiben?
- Welche Gesamtdeutung der Figur ergibt sich aus den gewonnenen Erkenntnissen?

Lene

Lene (eigentlich Magdalene) Nimptsch ist die angenommene Tochter von Frau Nimptsch, ihre eigentliche soziale Herkunft wird in dem Roman nicht aufgedeckt.

Ihr Alter wird ebenfalls nicht angegeben; sie wird aber etwa 20 Jahre alt sein, immerhin ist sie noch unverheiratet.

Auch über ihr Aussehen erfährt der Leser nicht viel; sie hat aschblonde Haare und ist offensichtlich schlank (Frau Dörr sagt von sich, dass sie im Vergleich zu Lene „mehr im Vollen" war, S. 8, Z. 2).

Lene arbeitet als Weißzeugstickerin in Heimarbeit. Sie gehört damit zum vierten Stand, also zur unteren sozialen Schicht der Gesellschaft. Da ihre Pflegemutter aufgrund ihres Rheumas nicht mehr arbeiten kann, sorgt Lene für sie. Über Lenes Arbeitsbedingungen erfährt der Leser nur wenig. Dass sie gering verdient, wird an der Schlichtheit der Wohnung, in der sie mit ihrer Pflegemutter lebt und die sich auf dem Gelände einer Gärtnerei befindet, deutlich. Es gibt nur eine Szene, die Lene bei der Arbeit zeigt, als sie nämlich in der Mittagssonne am offenen Fenster bügelt und dabei ein Gespräch mit Frau Dörr führt. Von Frau Dörr erfährt der Leser, dass sie fleißig und ordentlich ist (vgl. S. 8, Z. 16 ff.). Sie scheint keine besondere schulische Ausbildung erfahren zu haben, was in den Rechtschreibfehlern in dem Brief an Botho zum Ausdruck kommt (vgl. Kapitel 6).

Lenes herausragender Charakterzug ist, wie Botho ihn beschreibt, ihre „Unredensartlichkeit". Gemeint ist damit, dass Lene zum einen sagt, was sie denkt, und zum anderen ihr Handeln danach ausrichtet, was sie gesagt hat. Damit unterscheidet sie sich deutlich von den Menschen aus Bothos Lebenswelt, aber auch von Botho selbst. Das Thema des aufrichtigen Sprechens wird zum ersten Mal aufgegriffen, als Botho an dem gemeinsamen Abend mit Frau Nimptsch und den Dörrs eine Konversation in adeligen Kreisen parodiert (vgl. S. 25, Z. 19 ff.). Lene sind die oberflächlichen Umgangsformen, die Botho beschreibt, völlig fremd, und es ist für sie unverständlich, wie man sich an solchen nichtssagenden Konversationen beteiligen kann (vgl. S. 27, Z. 17 ff.). Konsequenterweise beteiligt sie sich auch nicht an den Gesprächen der drei „Damen" in Hankels Ablage, sondern schweigt.

Ihre Offenheit und Geradlinigkeit werden besonders in den Gesprächen mit Botho deutlich, in denen es um ihre gemeinsame Zukunft geht. Lene beteuert Botho gegenüber immer wieder ihre große Liebe, und ihr ist es mit diesen Liebesbekenntnissen sehr ernst. Wie sehr diese ihren wahren Gefühlen entsprechen, zeigt sich in dem Zusammenbruch, den sie erleidet, nachdem sie Botho und dessen Frau Käthe zusammen gesehen hat, und an der weißen Strähne im Haar, von der Frau Dörr behauptet, dass sie vom Herzen herrühre, was von Lene nicht bestritten wird (vgl. S. 122, Z. 20 ff.).

2.2 Offenheit und Geradlinigkeit

Neben der Unredensartlichkeit zeigt sich dabei auch ihr Realitätssinn.

Sie liebt Botho und macht ihre Gefühle für ihn immer wieder deutlich. Aber entgegen den Befürchtungen ihrer Pflegemutter macht sie sich keine konkreten Hoffnungen auf eine gemeinsame Zukunft, weil sie genau weiß, dass Botho sie verlassen wird. Sie erkennt Bothos Schwäche und die Macht der ihn bestimmenden gesellschaftlichen Verhältnisse: „Du liebst mich und bist schwach. Daran ist nichts zu ändern. Alle schönen Männer sind schwach, und der Stärkre beherrscht sie. … Und der Stärkre … ja, wer ist dieser Stärkre? Nun, entweder ist's deine Mutter oder das Gerede der Menschen oder die Verhältnisse. Oder vielleicht alle drei …" (S. 34, Z. 29 ff.) Und als Botho ihr in Hankels Ablage die Wahl lässt zwischen den Booten „Forelle" und „Hoffnung", entscheidet sie sich gegen das Boot mit dem Namen „Hoffnung": „Was sollen wir mit der Hoffnung?" (S. 70, Z. 37)

2.3 Realitätssinn

2.4 Fantasien einer gemeinsamen Zukunft mit Botho

Trotz dieses Realitätssinnes gestattet sich Lene Fantasien einer gemeinsamen Zukunft (vgl. S. 35, Z. 6 ff.), wohl wissend, dass sich diese Fantasien nie in die Wirklichkeit umsetzen lassen. Als sie mit Botho in dem Garten der Dörrs spazieren geht, gesteht sie ihm, dass es ihr sehr viel bedeuten würde, sich gemeinsam mit ihm in der Öffentlichkeit zeigen zu können: „[J]a, Botho, was glaubst du wohl, was ich dafür gäbe?" (S. 35, Z. 11 f.) Der Konjunktiv II aber zeigt an, dass dies nur ein unerfüllbarer Wunsch von ihr sein kann.

2.5 Hedonismus und Fatalismus

Der Realitätssinn Lenes wird begleitet von Hedonismus auf der einen Seite und Fatalismus auf der anderen Seite. Wissend, dass die Beziehung zu Botho nicht von Dauer sein kann, genießt sie trotzdem jede Stunde, die sie mit ihm verbringen kann: „Glaube mir, dass ich dich habe, diese Stunde habe, das ist mein Glück. Was daraus wird, das kümmert mich nicht." (S. 34, Z. 14 ff.) Und auch als Botho sich von ihr trennt, bereut sie nicht, die Beziehung zu ihm geführt zu haben, im Gegenteil, sie ist dankbar für die glücklichen Stunden: „Wenn man schön geträumt hat, so muss man Gott dafür danken und darf nicht klagen, dass der Traum aufhört und die Wirklichkeit wieder anfängt." (S. 106, Z. 11 ff.) Zu diesem Hedonismus gehört auch ihre ausgesprochene Lebenslust, die Frau Dörr in Anspielung auf eine frühere Liebesbeziehung mit den Worten charakterisiert: „Jott, ein Engel is sie woll grade auch nich" (S. 8, Z. 16 f.).

Mit dem Hedonismus geht Fatalismus einher: Lene nimmt ihr Schicksal an. Sie macht Botho keine Vorwürfe und sie macht auch keinerlei Anstalten, ihn zu überreden, bei ihr zu bleiben. Sie erkennt an, dass sie freiwillig die Beziehung mit Botho eingegangen ist, wissend, dass sie nicht von Dauer sein kann. Und sie nimmt auch hin, dass sie mit dem Ende der Beziehung möglicherweise auf ihr Lebensglück verzichten muss. Auf Bothos ängstliche Frage, was sei, wenn sie nach dem Ende ihrer Beziehung nicht mehr glücklich würden, antwortet sie lapidar: „Dann lebt man ohne Glück." (S. 106, Z. 18)

Mit Lenes Unredensartlichkeit einher geht ihre Wahrheitsliebe. So ist es ihr äußerst wichtig, Gideon Franke die Wahrheit über ihre beiden Liebesverhältnisse, insbesondere aber über das mit Botho, zu erzählen, als dieser um ihre Hand anhält. Sie riskiert damit, dass sich Gideon Franke möglicherweise gegen sie entscheidet, wodurch ihre materielle Zukunft sehr unsicher wäre (vgl. S. 133, Z. 14 ff.). Darin unterscheidet sich Lene von Botho, der es nicht fertigbringt, seiner Frau von Lene zu erzählen. `2.6 Wahrheitsliebe`

Lene ist eine für damalige Verhältnisse sehr modern denkende und handelnde Frau, die viel Wert darauf legt, unabhängig zu sein. Botho spricht von einem „doppelten Stolz" (S. 143, Z. 40), den sie hat. Er meint damit ihren Wunsch, unabhängig zu leben. Zum einen materiell unabhängig, indem sie ihrer Arbeit nachgeht, zum anderen aber unabhängig in ihrem Denken und Handeln, das sich nicht nach den gesellschaftlichen Gepflogenheiten richtet. Diese Unabhängigkeit ist es auch, die es ihr ermöglicht, Bothos Eingebundenheit in das Denken seines Standes zu erkennen und zu kritisieren. `2.7 Selbstständigkeit`

Über Lenes Sprachgebrauch, insbesondere ihre „Unredensartlichkeit", ist schon einiges gesagt worden. Auffallend an ihrem Sprachgebrauch ist, dass sie entgegen ihrer Zugehörigkeit zum vierten Stand keinen Berliner Dialekt spricht, sondern ein durchaus eloquentes Hochdeutsch. Dies entspricht auf den ersten Blick nicht Fontanes Konzept des Realismus, zu dem gehört, dass die Figuren gemäß ihrer sozialen Zugehörigkeit sprechen. Klären lässt sich dieser Umstand mit Blick auf die Intention des Romans. Offensichtlich geht es Fontane in erster Linie nicht darum, Lene als typische Vertreterin der Arbeiterschicht zu kennzeichnen, die sich moralisch gegenüber der Adelsschicht abhebt. Fontane geht es allgemeiner darum zu zeigen, wie `3. Sprachgebrauch und Sprachverhalten` die starren gesellschaftlichen Konventionen das Glück der Menschen, und zwar unabhängig von ihrer Standeszugehörigkeit, mindern.

4. Zusammenfassende Bewertung

Fontane hat seine späten Romane oft nach der weiblichen Hauptfigur benannt: Mathilde Möhring, Cécile, Stine, Frau Jenny Treibel, Effi Briest. Zu fragen ist also, warum Fontane seinen Roman nicht Lene genannt hat. Sicherlich ist Lene eine der zentralen Figuren des Romans, aber nicht unbedingt die Hauptfigur. Dagegen spricht schon, dass sie im zweiten Teil des Romans kaum noch als Akteurin in Erscheinung tritt. Allerdings ist sie stets in Bothos Gedanken zugegen, da er es nicht schafft, sich von ihr zu lösen.

Mit Lene hat Fontane eine Frauenfigur geschaffen, die konsequent ihren Lebensweg geht. Sie ist keine Vorkämpferin einer besseren Gesellschaftsordnung, erst recht keine Sozialrevolutionärin – das hätte auch nicht zum Realismuskonzept Fontanes gepasst, nach dem der Roman ein Bild seiner Zeit zeigen soll und kein gewünschtes Bild der Gesellschaft in der Zukunft. Aber sie ist eine für die damalige Zeit erstaunlich modern denkende und handelnde Frau. Sie bewertet Menschen nicht, wie damals und vielleicht auch heute noch üblich, nach ihrem sozialen Stand, sondern allein aufgrund ihres Charakters und ihres Handelns. So nimmt sie es sich heraus, Botho wegen seiner oberflächlichen Lebensweise zu kritisieren. Sie ist aufgrund der liebenswürdigen Gestaltung durch den Erzähler eine Sympathiefigur für den Leser, an der Fontane die Unmenschlichkeit einer Gesellschaft demonstriert, deren allzu starre Konventionen verhindern, dass die Menschen ihr persönliches Glück finden.

Botho von Rienäcker

1. Personalien, sozialer Status und äußeres Erscheinungsbild

Der adelige Botho von Rienäcker ist „Premierleutnant" bei den Kaiser-Kürassieren (S. 108, Z. 14 f.), einem Reiterregiment. Damit gehört er dem unteren Offiziersstand an. Er ist Berufssoldat, d. h., er hat keinen weiteren Beruf erlernt.

Er ist „sechs Fuß" groß, was etwa 1,80 Meter entspricht, und „wohlgenährt" (S. 48, Z. 35).

Sein Alter wird von dem Erzähler nicht angegeben. Die Tatsache, dass er noch keine große militärische Karriere gemacht hat, lässt darauf schließen, dass er recht jung ist.

Er entstammt dem Landadel. Seine Familie verfügt zwar über Grund und Boden, der jedoch, wie Baron Osten betont, von nur geringem Wert ist. Die finanzielle Situation der Familie ist problematisch. Sowohl Botho als auch seine Mutter leben über ihre Verhältnisse, sie sind abhängig von den finanziellen Zuwendungen Baron Ostens. Ein Ausweg aus der finanziellen Schieflage bietet sich in der Verheiratung Bothos mit seiner vermögenden Cousine Käthe von Sellenthin. Diese Hochzeit ist bereits von den beiden Eltern arrangiert worden. Mit diesem Arrangement muss Botho sich zwar von Lene trennen, die er liebt, kann dafür aber einen Lebensstandard führen, der seinem sozialen Stand angemessen ist.

Den ersten Hinweis auf Bothos Charakter erhält der Leser von Frau Nimptsch, Lenes Pflegemutter, die auf Botho bezogen feststellt: „der is nicht so" (S. 7, Z. 10). Sie bezieht diese Aussage auf das Verhalten von Botho, der sich offensichtlich als Kavalier Lene gegenüber erweist und nicht vordergründig an einem sexuellen Kontakt interessiert ist. Das Anderssein von Botho wird dann auch von Frau Dörr bestätigt, die ihn mit ihrem Grafen, einem ehemaligen Liebhaber, vergleicht. Sie bezieht sich dabei sowohl auf die von Frau Nimptsch erwähnte Zurückhaltung Bothos Lene gegenüber als auch auf seine Kleidung: Dass er im Gegensatz zu den geltenden Normen seines Berufsstands in Zivil gekleidet ist, kann so gedeutet werden, dass er keinen Wert darauf legt, seinen gesellschaftlichen Stand zu demonstrieren, und somit als gleichberechtigt neben Lene auftreten möchte.

Das Anderssein von Botho wird auch von seinen Klubkameraden bestätigt. So sagt Wedell über ihn aus, dass er,

2. Wesentliche Charaktereigenschaften

2.1 Bothos Anderssein

Botho, „seinen eignen Weg geht" (S. 55, Z. 3). So berichtet der Erzähler darüber, dass Botho ein Kunstliebhaber ist
und Gemälde sammelt. Dass sich ein preußischer Offizier
für Kunst interessiert, ist für damalige Verhältnisse schon
sehr außergewöhnlich. Seinen eigenen Weg geht er aber
auch nach Ansicht Wedells in der Beziehung zu Lene, da er
seiner Ansicht nach durchaus erwäge, sie zu heiraten (vgl.
S. 54, Z. 33 ff.).

2.2 Bothos Maske   Eine bezeichnende Charakterisierung Bothos, die das Anderssein infrage stellt, stammt von Lene. Sie attestiert
Botho, dass er eine „Maske" trage (S. 64, Z. 26). Die Maske
kann hier als Symbol der Verstellung und Unaufrichtigkeit
gesehen werden, und in der Tat ist Bothos Handeln dadurch gekennzeichnet. Auf der einen Seite versichert er Lene seine aufrichtige Liebe („Ach, Lene, du weißt gar nicht,
wie lieb ich dich habe", S. 34, Z. 25), auf der anderen Seite
spielt er bei der Begegnung mit seinen Kameraden in Hankels Ablage das Spiel der Verstellung sofort mit und verleugnet die ernsthafte Beziehung zu Lene. Und schon beim Erhalt des Briefes seiner Mutter ist ihm, ohne ihn gelesen zu
haben, klar, dass er die Beziehung zu Lene abbrechen wird
(„Ich weiß schon, eh ich gelesen. Arme Lene", S. 97, Z. 4 f.).

**2.3 Prägung
durch gesell-
schaftliche
Konventionen**   Botho ist wesentlich mehr von den Konventionen seiner
gesellschaftlichen Schicht geprägt, als er selbst wahrhaben
will. Dies wird auch durch das Bild der Maske deutlich,
denn der Figur (Gaston), der Botho seinen Spitznamen ver-
dankt, ist die Maske aufgezwungen worden. Er sieht die
Lebensweise seines gesellschaftlichen Standes zwar durchaus kritisch (vgl. seine Parodie der Gespräche), kann sich
aber trotzdem nicht vorstellen, seinen Lebensstandard aufzugeben, und unterwirft sich den Regeln und Normen seines Standes. Besonders deutlich wird diese Unterwerfung
in dem Gespräch mit Bogislaw von Rexin, einem Bekannten Bothos, in dem er sich vehement gegen die Loslösung
von den gesellschaftlichen Konventionen ausspricht. Der

Preis, den er für die Unterwerfung zahlt, ist allerdings hoch. Wie von Lene prognostiziert, findet er nach der Trennung von ihr nicht das rechte Glück.

Dass Botho zugeschrieben wird, anders zu sein und eine Maske zu tragen, bestimmt auch seine Beziehungen zu Lene und Käthe.

Sicherlich kann man sagen, dass Botho für sich glaubt, Lene aufrichtig zu lieben. Als sie ihn auf die ihr unbekannte Blondine anspricht, beteuert er: „Ach, Lene, du weißt gar nicht, wie lieb ich dich habe" (S. 34, Z. 25), was Lene ihm durchaus glaubt. In diesem Liebesbekenntnis zeigt sich sein Anderssein, da er Lene nicht, wie es in seinen Kreisen üblich ist, als bloße Geliebte betrachtet, sondern als potenzielle Lebenspartnerin. Damit stößt er bei seinen Klubkameraden auf Unverständnis, die sich eine legalisierte Beziehung Bothos mit Lene nicht vorstellen können.

2.4 Bothos Beziehungen zu Lene und Käthe

Sowohl Lene als auch die Klubkameraden erkennen Bothos Schwäche, die es ihm nicht möglich macht, sich über die Konventionen seines Standes hinwegzusetzen und Lene zu heiraten. Und im Grunde weiß Botho das auch. Als Lene und er bei ihrem Ausflug zu Hankels Ablage auf die Klubkameraden mit ihren „Damen" treffen, zögert Botho keine Sekunde, das Namensspiel seiner Kameraden mitzuspielen und damit seine Liebe zu Lene zu verleugnen.

Auch in seiner Ehe mit Käthe von Sellenthin trägt Botho eine Maske. Zwar erfreut er sich zuweilen an Käthes Lebendigkeit und Redefreude, in seinem Inneren steht aber immer wieder das Bild Lenes mit der von ihm so geschätzten „Unredensartlichkeit" im Mittelpunkt. Da alle Versuche, sich innerlich von Lene zu lösen, scheitern, so etwa das Verbrennen der Liebesbriefe und des gemeinsam gepflückten Blumenstraußes, spielt Botho nur den glücklichen Ehemann.

Auch in Bothos Sprachverhalten zeigt sich ein Widerspruch, der sich zurückführen lässt auf die Spannung des Andersseins und des Tragens einer Maske. Immer wieder betont

3. Sprachgebrauch und Sprachverhalten

er, wie wichtig ihm in seiner Liebe zu Lene ihre „Unredens-artlichkeit" ist, also ihr offenes, wahrheitsgetreues Sprechen, das auch ihr Inneres preisgibt (vgl. dazu Bothos Gespräch mit Gideon Franke, S. 141 ff.). Ihm selbst gelingt es aber nur sehr selten, aufrichtig zu sprechen.

3.1 Redegewandtheit

Botho versteht es, sowohl mit Menschen seines Standes als auch mit Menschen des unteren Standes Konversation zu führen. Dies zeigt sich am deutlichsten an dem Abend, als er zu Besuch bei Lene und Frau Nimptsch ist und dabei sowohl mit Frau Nimptsch als auch mit Herrn und Frau Dörr plaudert und gleichzeitig die Konversation unter Menschen seines Standes parodiert (vgl. Kapitel 4). Auch in den Gesprächen mit Lene zeigt sich diese Redegewandt-heit, allerdings nur, solange es sich um unverbindliche Themen handelt. Sobald beide aber auf ihre Beziehung zu

3.2 Sprachlosigkeit

sprechen kommen, verfällt Botho in Sprachlosigkeit. Er ist vor allem nicht in der Lage, seine Gefühle deutlich zu machen. Eine Ausnahme mag der Abschiedsbrief an Lene sein. Aber auch hier deutet er seine Gefühle nur an, und es ist bezeichnend, dass er sich nicht zu einem Gespräch mit Lene durchringen kann, sondern einen Brief schreibt (vgl. S. 104).

Diese Sprachlosigkeit zeigt sich auch im zweiten Teil des Romans in seiner Ehe mit Käthe. Er versteht es gut, mit Käthe zu plaudern; eine tiefer gehende Auseinandersetzung mit ihr vermeidet er jedoch. Käthe erfährt nichts von ihm über seine Beziehung zu Lene und sie erfährt nichts von ihm über seine zwiespältigen Gefühle ihr gegenüber. So ist sie immer nur auf Vermutungen angewiesen. Allein der letzte Satz des Romans („Was hast du nur gegen Gideon, Käthe? Gideon ist besser als Botho", S. 179, Z. 17 f.) gibt Auskunft über seine Befindlichkeit, bezeichnenderweise ist er aber so verschlüsselt, dass Käthe ihn nicht in seiner tieferen Bedeutung verstehen kann. Wie wenig er sich wirklich mit seiner Situation auseinandersetzt, zeigt sich, als er in der Zeitung eine Heiratsanzeige liest, in der ein Adeliger seine Hochzeit mit einer bürgerlichen Frau bekannt gibt. Botho nimmt überhaupt nicht wahr, dass diese Eheschließung auch ihn betreffen könnte, sondern ergeht sich in oberflächlichen Betrachtungen über die vermeintliche Schönheit der Welt.

Botho schätzt ganz besonders an Lene ihre Natürlichkeit, die sich nach seiner Ansicht vor allem in ihrer Wahrhaftigkeit des Gesprochenen zeigt oder, wie er es formuliert, in ihrer „Unredensartlichkeit" (S. 117, Z. 28 f.). Botho reklamiert eine solche Unredensartlichkeit auch für die Gespräche mit seinen Klubkameraden. Sein Beispiel aber, das Einhalten eines Wetteinsatzes, zeigt, dass er hier nur ein sehr oberflächliches Verständnis entwickelt hat (was dann auch vom Erzähler bestätigt wird, als er die Gespräche im Klub dokumentiert, die sich weitgehend nur um Spiele und gesellschaftlichen Klatsch drehen; vgl. Kapitel 7). Allerdings ergibt sich im Verlauf der Handlung eine kleine Wandlung bei Botho. Er erinnert sich an das Versprechen (Blumenkranz aus Immortellen als Grabschmuck), das er Frau Nimptsch gegeben hat, und nimmt dann tatsächlich die anstrengende Fahrt zum Friedhof auf sich, hält also sein Wort, das er mehr oder minder aus einer Laune heraus gegeben hat. Wie aber schon erwähnt, kann er sich zur Wahrhaftigkeit Käthe gegenüber nicht durchringen.

Und auch Lene gegenüber ist er unaufrichtig. Er gibt ihr nur eine ausweichende Antwort auf ihre Frage nach der hübschen Blondine, die sie auf dem Korso gesehen hat (vgl. Kapitel 10). Wäre er aufrichtig, hätte er Lene darüber berichten müssen, dass von seiner Familie bereits eine Heirat arrangiert ist.

Zusammenfassend kann man sagen, dass Botho im Spannungsfeld von Anderssein und Gefangensein in den Konventionen seines Standes lebt. Er erkennt die Zwänge, die von diesen Konventionen ausgehen, und versucht auch

3.3 Unaufrichtigkeit

4. Zusammenfassende Bewertung

partiell, sich von ihnen zu lösen (z. B. durch seine Liebe zur Kunst), lässt sich aber letztlich von ihnen vereinnahmen. Damit lebt er nicht schlecht, aber auch nicht glücklich.

Botho setzt sich auf der einen Seite über die Konventionen seines Standes hinweg, indem er ernsthaft eine Legalisierung der Beziehung zu Lene in Erwägung zieht, er wagt aber auf der anderen Seite dann doch nicht diesen Schritt, weil er ihm zu viele Nachteile bringt. Diese halbherzige Verhaltensweise entspricht der Einschätzung Bothos durch seinen Klubkamerden Pitt: „Rienäcker, trotz seiner sechs Fuß, oder vielleicht auch gerade deshalb, ist schwach und bestimmbar und von einer seltenen Weichheit und Herzensgüte." (S. 55, Z. 10 ff.)

Käthe von Sellenthin

1. Personalien, sozialer Status und äußeres Erscheinungsbild

Käthe von Sellenthin tritt im ersten Teil des Romans nur indirekt auf, indem über sie gesprochen wird. Im zweiten Teil dagegen kann man sie neben Botho als eine Hauptfigur bezeichnen. Sowohl von ihrer sozialen Stellung als auch von ihrem Charakter her ist sie zunächst als Gegenfigur zu Lene konzipiert. Ihr Charakter ist allerdings nicht statisch, sie macht insbesondere durch ihre Erfahrungen während ihrer Kur eine Entwicklung durch.

Käthe von Sellenthin entstammt einer wohlhabenden adeligen Familie. Ihre und Bothos Eltern haben die Hochzeit mit Botho schon früh arrangiert. Bei der Eheschließung ist sie 21 Jahre alt.

Bei der Einführung Käthes in die Romanhandlung durch Lene, Baron Osten und Bothos Kameraden Pitt wird ausschließlich die Attraktivität ihres Äußeren hervorgehoben. So spricht Lene in ihrem Brief an Botho von der „schöne[n] Blondine" (S. 38, Z. 23 f.), die sie gesehen hat, und sie versichert, noch nie so etwas Schönes gesehen zu haben. Auch Baron Osten ist ganz auf das Äußere fixiert. Er taxiert Käthe fast wie ein zum Verkauf stehendes Pferd: „Zähne wie Perlen und lacht immer, dass man die ganze Schnur sieht. Eine Flachsblondine zum Küssen" (S. 48, Z. 18 f.). Bothos Kamerad Pitt hebt einerseits den Reichtum der Familie Sellenthin hervor, andererseits auch wiederum die äußerliche Attraktivität: „Wundervolle Flachsblondine mit Vergissmeinnichtaugen" (S. 54, Z. 11 f.). Er verweist darauf, dass Käthe schon mit jungen Jahren von den Jungen umschwärmt wurde und bezeichnet sie als „glänzende Partie" (S. 54, Z. 5). Mit dieser Figureneinführung ist ein gewisser Rahmen gesetzt für Käthes Charakter: Wesentliche Merkmale scheinen ihr attraktives Äußeres und ihre gute finanzielle Ausstattung zu sein. Ihr Wert als Person gilt demgegenüber als unbedeutend.

Das erste Mal direkt in Erscheinung tritt Käthe nach der Hochzeit mit Botho (vgl. Kapitel 16 ff.). Der Erzähler entwirft dabei das Bild einer lebenslustigen, stets gut gelaunten und optimistischen Frau, die vor allem die heiteren Seiten des Lebens in vollen Zügen genießen kann (vgl. dazu den Erzählerkommentar S. 109, Z. 4 ff.). Dementsprechend ist sie auch noch nicht bereit, die an sie herangetragene Rolle als zukünftige Mutter zu erfüllen.

2. Wesentliche Charaktereigenschaften

2.1 Lebenslust

Diese positiven Charaktereigenschaften werden jedoch von Botho relativiert, der sich zwar einerseits an der Lebenslust seiner Frau erfreut (vgl. S. 109, Z. 14 f.), der aber auch ein Unbehagen verspürt wegen der Oberflächlichkeit, mit der sie die Welt sieht: „Er nahm nämlich auch wahr, dass sie, was auch geschehen oder ihr zu Gesicht kommen mochte, lediglich am Kleinen und Komischen hing" (S. 109, Z. 17 ff.). Und in der Tat ist „komisch" das wohl von Käthe am häufigsten gebrauchte Wort, um eine Situation zu charakterisieren (allein fünfmal in Kapitel 16, in dem der Leser Käthe zum ersten Mal begegnet).

2.2 Oberflächlichkeit

Ein weiterer Charakterzug, der von dem Erzähler herausgehoben wird, ist Käthes Redseligkeit, aber auch Redegewandtheit. In allen Gesprächen, die sie mit Botho führt,

2.3 Redseligkeit und Redegewandtheit

überwiegen ihre Redeanteile bei Weitem. Dies liegt natürlich zum einen daran, dass Botho sich ihr gegenüber verschlossen zeigt, was seine Gefühle angeht. Zum anderen liegt es aber auch an dem Vermögen Käthes, auch über eher Belangloses ausführlich zu plaudern. Gleichzeitig erweist sie sich als durchaus schlagfertig, da sie Botho stets Paroli bieten kann, wenn dieser Bedenken erhebt wegen ihrer Wahrnehmung der Welt und ihrer Redseligkeit (vgl. dazu Kapitel 16).

Ihre Redegewandtheit zeigt sich auch im Umgang mit Bothos Kameraden. Es wird deutlich, dass sie die in diesen Kreisen übliche Konversation perfekt beherrscht, sodass diese nahezu entzückt von ihr sind (vgl. S. 130, Z. 21 ff.). Auch hier ist es wieder Botho, der diesen Charakterzug relativiert. Ihm ist Käthes Redseligkeit eher peinlich (vgl. S. 129, Z. 5 ff.), was wiederum von seinen Kameraden mit völligem Unverständnis zur Kenntnis genommen wird (vgl. S. 129, Z. 10 ff. und S. 131, Z. 3 ff.). Allein Pitt erkennt den Grund für Bothos Verstimmtheit, indem er Käthe als einfältig und schwatzhaft bezeichnet (vgl. S. 131, Z. 20 ff.). Allerdings schränkt er ein, dass dies Bothos Sicht sei. Doch auch der Erzähler selbst ist von dieser Charaktereigenschaft Käthes überzeugt. Mit ironischem Unterton kommentiert er: „Eigentlich führte sie das Wort und keiner nahm Anstoß daran, weil sie die Kunst des gefälligen Nichtssagens mit einer wahren Meisterschaft übte." (S. 126, Z. 28 ff.)

Käthe ist sich dieser Einschätzung durch Botho bewusst und macht sich darüber lustig, indem sie Pitts Kameraden mit spöttischem Unterton berichtet, welche Lektüre ihr Botho für die Kur mitgeben möchte (vgl. S. 127, Z. 1 ff.). Sie bekennt sich zu ihrer Art zu leben (vgl. S. 127, Z. 26 ff.). Die von dem Erzähler und Botho angesprochene Oberflächlichkeit muss jedoch, was die Selbsteinschätzung ihrer Person betrifft, relativiert werden.

2.4 Selbsteinschätzung: Bekenntnis zu ihrer Art zu leben

Offensichtlich ahnt Käthe von Beginn ihrer Ehe an, dass Botho sie nicht aus Liebe geheiratet hat und dass es noch eine andere Frau in seinem Leben gibt. Zumindest spielt sie mehrmals darauf an (vgl. z. B. S. 110, Z. 7 f.), ohne allerdings Botho direkt darauf anzusprechen.

In den Gesprächen mit Botho übernimmt Käthe die Rolle, die zuvor Lene eingenommen hat: Auch sie ist die Dominante in der Gesprächsführung, sie bestimmt, wann und worüber gesprochen wird, und Botho reagiert im Wesentlichen nur. Der entscheidende Unterschied allerdings ist, dass sie Problemgespräche im Gegensatz zu Lene allenfalls anreißt, aber nicht zu Ende führt. Exemplarisch sei hier das Gespräch angeführt, als Käthe Bothos Verlegenheit bemerkt, nachdem sie ihn zum Walzertanz animiert hat (vgl. Kapitel 17). Sie vermutet, dass diese Verlegenheit ihren Ursprung in einer vergangenen Beziehung Bothos hat, und führt aus, warum sie auf solche vergangenen Beziehungen eifersüchtig ist. Sie fragt dann aber doch nicht weiter nach, sondern bricht das Gespräch mit den Worten ab: „Aber lassen wir's und lies mir lieber weiter aus deiner Zeitung vor." (S. 119, Z. 10 f.) Statt also ein Beziehungsgespräch mit Botho zu führen, weicht sie auf Themen aus, die sie eigentlich nicht wirklich interessieren. Ein ähnliches Verhalten zeigt sie, als sie nach ihrer Rückkehr aus der Kur im Kamin die Asche von verbranntem Papier entdeckt und dahinter verbrannte Liebesbriefe vermutet, was Botho bestätigt. Auch hier fragt sie nicht weiter nach.

Ob sie Botho wirklich liebt, bleibt für den Leser offen. Käthe gibt sich einerseits sichtlich Mühe, Botho zu gefallen. Ein Liebesbekenntnis allerdings gibt es von beiden Seiten nicht. So besteht offensichtlich eine innere Distanz zwischen den Ehepartnern, die durch die Kinderlosigkeit angedeutet wird, die der Erzähler zweimal erwähnt (vgl. S. 116, Z. 23 ff. und S. 125, Z. 11 ff.). Die Antwort, die Käthe Bothos Mutter auf deren Nachfrage nach einem Kind gibt,

2.5 Käthe in der Beziehung zu Botho

zeugt zum einen von ihrer schon erwähnten Schlagfertigkeit, zum anderen aber auch von der Distanz, die sie Botho gegenüber hat: „ich überlass es gern meiner zukünftigen Schwägerin, sich die Fortdauer des Hauses Rienäcker angelegen sein zu lassen" (S. 117, Z. 6 ff.).

2.6 Käthes „Irrungen und Wirrungen"

Die Erfahrungen während der Kur, zu der sie sich wegen der Kinderlosigkeit hat überreden lassen, bringen einen gewissen Entwicklungsschub in Käthes Charakter. Vielleicht kann man sagen, dass auch Käthe ihre „Irrungen und Wirrungen" erlebt. Zum ersten Mal deutlich wird diese Entwicklung in der Beurteilung des Kindes ihrer Mitreisenden, Frau Salinger. Zunächst empfindet sie das Kind zwar als „gut geartet, aber nicht gut erzogen" (S. 137, Z. 15), weil es ständig hin und her rennt und unentwegt Süßigkeiten nascht. Gegen Ende der Kur aber stellt sie fest, dass sie das Mädchen jetzt reizender findet als die Mutter, da es sich, im Gegensatz zur Mutter, die sich stark schminke, „natürlich" (S. 139, Z. 37) verhalte. In gewisser Weise geht sie also auf Distanz zu den gesellschaftlichen Konventionen, ohne dies aber bewusst auszusprechen.

Ein großes Gefallen findet sie an Mr. Armstrong, einer Reisebekanntschaft, der sie vor allem durch seine Fähigkeit zur unverbindlichen Konversation und durch seine unkonventionelle Lebensweise beeindruckt. Und dieser Eindruck ist so groß, dass sie sich, wie sie Botho gegenüber indirekt andeutet, durchaus eine Affäre hätte vorstellen können: „Ich habe mir fest vorgenommen, mir ein reines Herz zu bewahren. Und du musst mir darin helfen." (S. 173, Z. 27 ff.) Wie diese Hilfe aussehen könnte, hat sie kurz zuvor schon ausgeführt. Sie möchte, dass Botho wie Mr. Armstrong wird: „ein bisschen mehr einfach und harmlos plaudern zu wollen und ein bisschen rascher und nicht immer dasselbe Thema" (S. 173, Z. 7 ff.).

3. Sprachgebrauch und Sprachverhalten

Zu Käthes Sprachverhalten ist schon einiges gesagt worden. Als eine Angehörige der oberen Gesellschaftsschicht spricht und schreibt sie ein von dialektalen Einflüssen freies, korrektes Hochdeutsch. Dies legt die Vermutung nahe, dass sie eine gute schulische Ausbildung genossen hat.

Sie versteht es in nahezu perfekter Weise, die von Botho parodierte Konversation ihrer Gesellschaftsschicht zu führen, die vor allem durch inhaltliche Belanglosigkeit gekennzeichnet ist. Der Erzähler betont Käthes Redseligkeit dadurch, dass er sie gleich in ihrem ersten Gespräch, das der Leser verfolgen kann, demonstriert (vgl. Kapitel 16). Bezüglich dieser Oberflächlichkeit ist Käthe eine Gegenfigur zu Lene, deren Sprachverhalten gerade durch den Ernsthaftigkeitscharakter ihrer Aussagen geprägt ist. Wie oben schon herausgestellt, übernimmt Käthe in den Gesprächen mit Botho – ebenso wie dies Lene zuvor getan hat – die Gesprächsführung. Sie bestimmt in aller Regel die Gesprächsthemen und sie bestimmt vor allem auch den Abbruch der Gespräche, wenn diese zu Unannehmlichkeiten führen könnten.

Für eine abschließende Beurteilung von Käthes Charakter muss bedacht werden, dass Käthe ähnlich wie Botho gefangen ist in den Erwartungen, die ihre gesellschaftliche Schicht an sie stellt, und diese Erwartungen besagen, dass sie sich in ihre Rolle als Ehefrau zu fügen hat, in der nicht unbedingt ihre eigenen Bedürfnisse erfüllt werden.

4. Zusammenfassende Bewertung

So gesehen befinden sich Käthe und Botho in einer sehr ähnlichen Situation: Beide haben ihren Lebenspartner nicht selbst ausgewählt und beide sind bei aller Übereinstimmung letztlich nicht zufrieden mit dem jeweiligen Partner. Im Gegensatz zu Botho aber kann sie diese Unzufriedenheit auch explizit zum Ausdruck bringen, ohne allerdings ihre Ehe ernsthaft infrage zu stellen.

Ob es Käthe und Botho gelingen wird, sich aufeinander einzustellen und so zu größerer Zufriedenheit und zu einem wirklich glücklichen Zusammenleben zu gelangen, lässt der Roman offen.

Frau Nimptsch

1. Personalien, sozialer Status und äußeres Erscheinungsbild

Frau Nimptsch ist Lenes Pflegemutter. Ihr Alter wird nicht angegeben, aber da sie im Verlauf der Handlung verstirbt, kann davon ausgegangen werden, dass sie bereits ein hohes Alter erreicht hat. Sie lebt zusammen mit ihrer Pflegetochter in recht ärmlichen Verhältnissen und ist wegen ihres Rheumas abhängig davon, von Lene versorgt zu werden. Sie hat früher ihren Lebensunterhalt als Waschfrau verdient und sie gehört damit zur unteren sozialen Schicht der Gesellschaft.

Ihr Gesundheitszustand ist schlecht, sie ist alt und gebrechlich. Am liebsten sitzt sie vor dem warmen Herd.

2. Wesentliche Charaktereigenschaften

Frau Nimptschs Gedanken drehen sich hauptsächlich um zwei Themen: Lenes Zukunft und ihr eigener Tod bzw. die Gestaltung ihres Grabes.

2.1 Sorge um Lenes Zukunft

Frau Nimptsch hat keine Einwände gegen Lenes Beziehung zu Botho trotz der unterschiedlichen Standeszugehörigkeit. Offensichtlich kennt sie aber Lene gut und weiß, dass diese keine oberflächlichen Beziehungen eingeht. Sie fürchtet, dass Lene sich, auch wenn sie dies verneint, Hoffnungen machen könnte, dass Botho sie heiratet, und dass sie dann eine große Enttäuschung erleben würde. Frau Dörr gegenüber spricht sie diese Befürchtung aus: „Ich glaube, sie denkt so was, wenn sie's auch nich wahrhaben will, und bildet sich was ein." (S. 7, Z. 12 ff.) Auf der anderen Seite gönnt sie Lene das Glück mit Botho. Sie begründet dies damit, dass das Leben so kurz sei und deshalb die Zeit des Glücklichseins ausgenutzt werden müsse: „Ja, die Glücklichen vergessen die Zeit […] Und die Jugend is glücklich, un is auch gut so und soll so sein." (S. 62, Z. 35 ff.) Frau Nimptsch vertritt damit eine ähnlich hedonistische Einstellung wie Lene. Die Trennung von Botho und Lene wiederum bedauert sie nicht, sondern gibt Botho recht, als dieser sagt, es sei doch wohl das Beste so (vgl. S. 107, Z. 21).

Erneut beginnt sie sich Sorgen um Lenes Zukunft zu machen, als diese Gideon Franke kennenlernt und beschließt, ihm von der vergangenen Beziehung zu Botho zu erzählen. Sie befürchtet, dass Gideon Franke Abstand davon nehmen könnte, Lene zu heiraten, womit deren Versorgung gefährdet wäre. Sie weiß aber auch, dass sie Lene nicht davon abhalten kann (vgl. dazu S. 124, Z. 38 ff.).

Aufgrund ihres Alters und ihrer angeschlagenen Gesundheit wünscht sich Frau Nimptsch ihren Tod (vgl. S. 62, Z. 37 ff.). Sorgen bereitet ihr die Grabgestaltung. Sie möchte einen Blumenkranz aus Immortellen, um nicht vergessen zu werden: „Un ich denke mir immer, je länger der Kranz oben hängt, desto länger denkt der Mensch auch an seinen Toten unten." (S. 65, Z. 15 ff.) Sie ist beruhigt, als Botho ihr verspricht, ihr einen solchen Kranz zu schicken.

2.2 Sorge um ihre Grabgestaltung

Entsprechend ihrer Zugehörigkeit zu der unteren sozialen Schicht ist die Sprache von Frau Nimptsch von der Berliner Mundart geprägt. Dabei sind ihre Sätze kurz und schlicht. Kennzeichnend für sie ist, dass sie oft Sprichwörter oder Sentenzen nutzt, um das auszudrücken, was sie meint. Ein Beispiel dafür findet sich in einem Gespräch mit Lene, als diese sie daran hindern will, so viel an den Tod zu denken: „Ja, Lene, du bist gut, du bist ein gutes Kind. Aber der Mensch denkt un Gott lenkt, un heute rot un morgen tot." (S. 65, Z. 34 f.)

3. Sprachgebrauch und Sprachverhalten

Mit Frau Nimptsch charakterisiert der Erzähler das soziale Milieu der unteren gesellschaftlichen Schicht. Deren menschliches Miteinander ist weniger durch die geschliffene Rede als vielmehr durch die Herzenswärme und die gegenseitige Solidarität geprägt. Ebenso wie Frau Dörr zeigt sie so den Kontrast zur Umgangsweise von Bothos Gesellschaftsschicht, die ein solches menschliches Miteinander nicht erkennen lässt.

4. Zusammenfassende Bewertung

Frau Dörr

Frau Dörr ist eine der Nebenfiguren des Romans, die zwar nicht die Handlung selbst vorantreiben, die aber wesentlich zur Charakterisierung des sozialen Milieus beitragen. Als Ehefrau von Herrn Dörr arbeitet sie in dessen Gärtnerei und verkauft das geerntete Gemüse auf dem Markt. Damit gehört sie zu den unteren Schichten der Gesellschaft.

Ihr Alter wird nicht genannt. Da ihr Mann 56 Jahre alt ist, könnte sie um die 50 Jahre alt sein. Offensichtlich ist sie recht beleibt. Der Erzähler bezeichnet sie als „robuste [...] sehr stattlich aussehende Frau" (S. 6, Z. 28f.). Sie selbst sagt von sich, dass sie schon im jungen Alter im Vergleich zu Lene mehr „im Vollen" war und mehr ins „Gewicht" fiel (S. 8, Z. 2 und Z. 4). Dass ihre Figur etwas seltsam wirkt, wird sowohl von Lene und Botho als auch von den Beobachtern der Hochzeit von Lene und Gideon Franke betont.

Vor ihrer Hochzeit mit Herrn Dörr hatte sie eine Beziehung zu einem Grafen, unter der sie aber gelitten hat, da dieser offensichtlich nur an der Sexualität mit ihr interessiert war.

Der Erzähler charakterisiert Frau Dörr mit den Worten, dass sie „neben dem Eindruck des Gütigen und Zuverlässigen, zugleich den einer besonderen Beschränktheit machte" (S. 6, Z. 29 ff.).

Die von dem Erzähler angesprochene Güte und Zuverlässigkeit zeigen sich vor allem in zwei Situationen. Zum einen hilft sie Lene, als diese einen Zusammenbruch erleidet, nachdem sie Käthe und Botho getroffen hat. Zum anderen ist sie mit tröstenden Worten dabei, als Frau Nimptsch stirbt. Insgesamt nimmt Frau Dörr regen Anteil an Lenes Leben. Sie ist sehr neugierig, vor allem darauf, wie die Beziehung zu Botho begonnen hat, wann er wiederkommt und welche Bedeutung die Beziehung mit Lene hat. Ihre Zuverlässigkeit zeigt sich aber auch in ihrer Weigerung, die

Kunden auf dem Markt mit schlechter Ware zu hinterge-
hen, so wie es Herr Dörr von ihr fordert.

Ebenso wie Frau Nimptsch macht sie sich Sorgen um Lene, 2.2 Sorgen
da sie fürchtet, dass sich Lene ernsthaft in Botho verlieben um Lene
könnte und sich der Illusion hingeben könnte, dass Botho
sie heiraten würde.

Die von dem Erzähler angeführte Beschränktheit zeigt sich 3. Sprach-
in ihrem Sprachgebrauch. Dieser ist zunächst stark von der gebrauch und
Berliner Mundart geprägt. Sie verschleift oft die Endkonso- Sprachverhalten
nanten *d* und *t* und sie nutzt häufig die Berliner Umgangssprache. So spricht sie etwa von Dörrs Tabak als „Knallerballer", um auf den schlechten Geruch des Tabaks auf-
merksam zu machen (S. 21, Z. 30 f.).

Mehr für ihre Beschränktheit sprechen aber ihre Schwierigkeiten, einen abstrakten Gedankengang zu verdeutlichen.
In ihrem ersten Gespräch mit Lene hält sie dieser eine Art
moralischen Vortrag über die Legitimität einer außerehe-
lichen Beziehung. Sie trägt aber ihre Gedanken so konfus
vor, dass nur mit Mühe erkannt werden kann, was sie eigentlich sagen will (vgl. S. 19, Z. 31 ff.).

In Lenes und Bothos Augen unmöglich macht sie sich
durch ihre häufigen sexuellen Anspielungen während des
gemeinsamen Spaziergangs.

Botho fasst schließlich Frau Dörrs Verhalten zusammen:
„Frau Dörr, wenn sie neben deiner Mutter sitzt oder den
alten Dörr erzieht, ist unbezahlbar, aber nicht unter Menschen. Unter Menschen ist sie bloß komische Figur und eine Verlegenheit." (S. 68, Z. 26 ff.)

Zusammenfassend kann man sagen, dass Frau Dörr die 4. Zusammen-
Schlichtheit und Natürlichkeit des Lebens der unteren Ge- fassende
sellschaftsschicht verdeutlicht. Mit ihrer Herzensgüte bildet Bewertung
sie etwa einen Gegenpol zu Bothos Mutter als Vertreterin
der oberen Gesellschaftsschicht, die, wie der Brief deutlich
macht, sehr kalkulierend und berechnend mit Menschen
umgeht.

Gideon Franke

1. Personalien,
sozialer Status
und äußeres
Erscheinungsbild

Gideon Franke tritt nur einmal selbst in Erscheinung, und zwar in dem Gespräch mit Botho, in dem er sich über Lenes Charakter informieren will (vgl. Kapitel 20).

Eingeführt in die Romanhandlung wird er von Frau Nimptsch, die Frau Dörr über ihren neuen Nachbarn und Verehrer von Lene berichtet (vgl. Kapitel 17).

Gideon Franke ist ca. 50 Jahre alt, so vermuten jedenfalls Beobachter, als er und Lene aus der Hochzeitskutsche steigen. Er ist damit wesentlich älter als Lene und Botho. Er ist ein „hagerer Herr" (S. 177, Z. 34), der sich den Angaben des Erzählers zufolge sehr ordentlich, aber wohl nicht der neuesten Mode entsprechend kleidet. Botho zumindest bezeichnet seine Kleidung als „spießbürgerlich[]" (S. 141, Z. 34).

Er stammt aus Bremen, ist von da aus nach Amerika gegangen, wo er zunächst als Schlosser, Klempner oder Maschinenarbeiter (Frau Nimptsch, die Frau Dörr über seinen Werdegang informiert, weiß es nicht genau) sein Geld verdient hat, später dann als Arzt und als Prediger. Zurück aus Amerika ist er wieder in einer Fabrik in einer leitenden Stellung als Fabrikmeister beschäftigt. Franke kann damit als ein Vertreter des wirtschaftlich aufstrebenden Bürgertums bezeichnet werden. Frau Nimptsch bezeichnet ihn als einen „sehr reputierliche[n] Mann mit Zylinder un schwarze Handschuh" (S. 124, Z. 35f.).

2. Wesentliche
Charakter-
eigenschaften
2.1 Lob des guten
Charakters durch
den Erzähler und
Botho

Der Erzähler ist voll des Lobes über den Charakter Gideon Frankes. Für ihn ist er „ein ordentlicher und gebildeter Mann, von nicht gerade feinen, aber sehr anständigen Manieren, dabei ein guter Unterhalter, der, wenn Lene mit zugegen war, von allerlei städtischen Angelegenheiten, von Schulen, Gasanstalten und Kanalisation und mitunter auch von seinen Reisen zu sprechen wusste" (S. 123, Z. 6ff.). Auch Botho lobt seinen Charakter, indem er ihn als einen „Mann von Freimut und untadeliger Gesinnung" bezeichnet (S. 141, Z. 35). Dies schließt er daraus, dass Gideon Franke ihm gleich zu Beginn des Gesprächs signalisiert, dass er nicht gekommen ist, um ihn wegen der unstandesgemäßen Beziehung zu Lene bloßzustellen.

Von dem Erzähler erfährt der Leser, dass Gideon Franke auf der Suche nach der für ihn richtigen Religion ist. Nach der Mitgliedschaft in einer altkatholischen (Irvingianer) und einer evangelischen Freikirche (Mennoniten) hat er nun eine eigene Religionsgemeinschaft gegründet. Diese beruht, wie Franke auf fanatische Weise in dem Gespräch mit Botho erläutert, auf einer besonderen Interpretation der Zehn Gebote, nach der das Gebot, die Ehe nicht zu brechen, eine untergeordnete Rolle spielt gegenüber den Geboten, die Ehrlichkeit und Wahrhaftigkeit fordern, die Charaktereigenschaften also, die besonders Lene auszeichnen.

2.2 Moralische Überzeugung: unbedingter Wert der Ehrlichkeit und Wahrhaftigkeit

Sein Aufenthalt in den USA hat ihn in seiner Lebensphilosophie geprägt, nach der es „viele Wege" gibt, „die zu Glück führen" (S. 145, Z. 19 ff.). Damit formuliert er eine Gegenposition zu der autoritär ausgerichteten Gesellschaft des ausgehenden 19. Jahrhunderts, die den Menschen vorschreibt, wie sie ihr Leben zu gestalten haben.

2.3 Lebensphilosophie: Viele Wege führen zum Glück

Franke spricht als gebildeter Mensch, wie der Erzähler ihn kennzeichnet, ein fehlerfreies, von dialektalen Einschlägen unbeeinflusstes Deutsch. Botho begegnet er ausgesprochen höflich und zurückhaltend, wie seine Einschübe „wenn Sie's gestatten" (S. 141, Z. 27) und „wenn ich so sagen darf" (S. 141, Z. 32) zeigen. Er redet auch nicht um die Sache herum, sondern kommt direkt auf den eigentlichen Anlass seines Besuches zu sprechen.

*3. Sprachgebrauch und Sprachverhalten
3.1 Höflichkeit und Geradlinigkeit des Sprechens*

Diese geradlinige Sprechweise schlägt aber um in einen feierlichen, pastoralen Ton, als Gideon Franke auf seine religiöse Überzeugung zu sprechen kommt. In sehr drastischen Formulierungen macht er seine Abscheu deutlich, wenn jemand gegen die Gebote der Ehrlichkeit und der Wahrhaftigkeit verstößt. Ein solcher Mensch ist für ihn

3.2 Pastorales Sprechen

grundlegend schlecht und nicht zu retten. Dies machen vor allem die Metaphern „der Seele Niedrigkeit" (S. 144, Z. 39) und „aus der Finsternis geboren" (S. 145, Z. 1) deutlich. In die gleiche Richtung zielt der Vergleich eines solches Menschen mit einem Feld, dessen Unkraut von keiner Saat zurückgehalten werden kann, sei das Saatkorn auch noch so gut (vgl. S. 145, Z. 2 ff.). Ein Mensch, der sich nicht an die Gebote der Ehrlichkeit und Wahrhaftigkeit hält, kann Gideon Franke zufolge also nicht zu einem guten Menschen erzogen werden. Neben der Metaphorik ist ein weiteres Merkmal dieses pastoralen Tons die Reihung der mit der Konjunktion „und" verbundenen Satzteile am Ende seiner Ansprache, mit der er auf die besondere Bedeutung der Wahrhaftigkeit und Ehrlichkeit hinweist. Diese Reihung endet mit dem letzten Satz in einer Klimax: „Auf die Wahrheit kommt es an und auf die Zuverlässigkeit kommt es an und auf die Ehrlichkeit." (S. 145, Z. 25 ff.)

4. Zusammenfassende Bewertung

Gideon Franke ist als gesellschaftlicher Außenseiter konzipiert, der deutliche Parallelen zu Herrn Dörr aufweist. Beide setzen sich, wenn auch aus unterschiedlichen Gründen, über festgelegte gesellschaftliche Normen hinweg und achten dagegen auf die inneren Werte eines Menschen. Bei Herrn Dörr wird die Außenseiterposition durch das abgeschiedene Leben am Rande der Stadt in der Gärtnerei deutlich, bei Gideon Franke durch den Spott der Zuschauer, als er mit Lene die Hochzeitkutsche verlässt. Weiterhin ist Gideon Franke als Gegenfigur zu Botho konzipiert, da er es schafft, sich über die gesellschaftlichen Vorstellungen hinwegzusetzen und ein Leben nach seinen moralischen Vorstellungen zu führen.

Der Blick auf den Text: Die Textanalyse

Einen Textauszug analysieren – Tipps und Techniken

Für die Analyse von Textauszügen des Romans stehen grundsätzlich zwei verschiedene Methoden zur Auswahl: die Linearanalyse und die aspektgeleitete Analyse.

In der **Linearanalyse** werden die einzelnen Abschnitte des Textauszugs systematisch analysiert, d. h. ihrer Reihenfolge nach. Dies führt in der Regel zu genauen und detaillierten Ergebnissen. Allerdings besteht dabei die Gefahr, dass zu kleinschrittig gearbeitet wird und die übergeordneten Deutungsaspekte aus dem Blick geraten.

In der **aspektgeleiteten Analyse** werden diese Deutungsschwerpunkte von vornherein festgelegt. Daraus ergibt sich in der Regel eine sehr problemorientierte und zielgerichtete Vorgehensweise. Dabei werden jedoch die Deutungsaspekte, die nicht im Fokus des Interesses stehen, vernachlässigt.

Aufbauschema

1. Einleitung
- Basissatz: Autor; Titel; Textsorte; Erscheinungsjahr des Werks, aus dem der Text stammt
- Ort, Zeit und Figuren des Textauszugs
- kurze Inhaltsangabe

2. Einordnung des Textauszugs in den Roman
- Was geschieht vorher, was nachher?

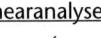 Linearanalyse   aspektgeleitete Analyse

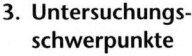

3. Inhaltlicher Aufbau

- Auflistung der Textabschnitte/Textgliederung

3. Untersuchungsschwerpunkte
- Auflistung der ausgewählten Untersuchungsaspekte

4. Beschreibung und Deutung der unter 3. angegebenen Textabschnitte
- Aussagen zum Inhalt des Abschnitts
- Aussagen zur Deutung, Einbetten in den Zusammenhang des Romans
- Einbezug der sprachlichen Gestaltung
- Überleitung zum nächsten Textabschnitt

4. Beschreibung und Deutung der unter 3. angegebenen Schwerpunkte
- Benennen des jeweiligen Aspekts
- Aussagen zur Deutung, Einbetten in den Zusammenhang des Romans
- Einbezug der sprachlichen Gestaltung

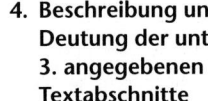   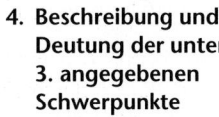

5. Schluss
- Zusammenfassung der Ergebnisse
- Einordnung in einen größeren Deutungszusammenhang
- Bewertung

Beispielanalyse (linear)

S. 108 („Mitte September …") – S. 112 („… der als einziger Gast geladen war.")

Aufgabe: Analysieren (beschreiben und deuten) Sie den Textauszug aus Theodor Fontanes Roman „Irrungen, Wirrungen".

Der vorliegende Textauszug stammt aus dem Roman „Irrungen, Wirrungen" von Theodor Fontane, der zunächst 1887 als Fortsetzungsroman mit dem Untertitel „Eine Berliner Alltagsgeschichte" in der „Vossischen Zeitung" abgedruckt wurde, bevor er 1888 in Buchform ohne den Untertitel erschien.

Einleitung

Der Roman handelt von dem Scheitern der unstandesgemäßen Liebesbeziehung zwischen der Weißzeugstickerin Lene Nimptsch und dem adeligen Offizier Botho von Rienäcker und dem weiteren getrennten Lebensweg des Paares, das zwar neue standesgemäße Partnerschaften eingeht, sein Lebensglück aber darin nicht findet. Der Roman thematisiert damit die Problematik, gesellschaftliche Normen und individuelles Lebensglück in Einklang zu bringen.

Der zu analysierende Textauszug ist der Beginn des zweiten Teils des Romans. In ihm berichtet der Erzähler von Bothos und Käthes Hochzeit, ihrer Hochzeitsreise und dem Einzug in ihre gemeinsame Wohnung. Im Zentrum des Ausschnitts steht die Darstellung des Verhältnisses von Botho und Käthe, die zuerst vom Erzähler vorgenommen und durch ein Gespräch der beiden bestätigt wird. Insgesamt wird sich zeigen, dass sich in dem Textauszug eine Reihe von Anspielungen darauf finden lässt, dass Botho in der Ehe mit Käthe zwar nicht unglücklich, aber doch sein Lebensglück nicht finden wird.

Einordnung des Textauszugs in den Roman

Der Textauszug wird linear analysiert, da sich mittels dieser Analysemethode die Erzählweise Fontanes gut darstellen lässt.

Inhaltlicher Aufbau

Der Textauszug lässt sich in drei Abschnitte gliedern, wobei die neuen Abschnitte jeweils durch einen Raum- und Zeitwechsel gekennzeichnet sind.

Im ersten Abschnitt (S. 108, Z. 6 – S. 108, Z. 29) berichtet der Erzähler von Bothos und Käthes Hochzeit und die Art und Weise, wie Lene von der Hochzeit erfährt und auf diese Nachricht reagiert. Im zweiten Abschnitt (S. 108, Z. 30 – S. 111, Z. 10) charakterisiert der Erzähler das Verhältnis Bothos zu seiner Frau und bestätigt seine Charakterisierung durch die Wiedergabe eines Gesprächs der beiden. Im dritten Abschnitt (S. 111, Z. 11 – S. 112, Z. 2) berichtet er über den Einzug des Ehepaares in seine neue Wohnung. Die drei Abschnitte können noch einmal in sich unterteilt werden.

Deutung der Textabschnitte: Abschnitt I

Der erste Abschnitt, zugleich der erste Abschnitt des 16. Kapitels, beginnt wie viele Kapitel mit einer Zeitangabe. Der Erzähler zeigt hier ein auktoriales Erzählverhalten, er tritt als Chronist der Ereignisse auf. Mit nur einem Satz, also in stark zeitraffender Form, berichtet der Erzähler über Bothos und Käthes Hochzeitsfeier. Das einzige Detail, das der Leser erfährt, ist, dass Bothos Onkel Baron Osten einen Toast auf das Brautpaar ausgesprochen hat, den der Erzähler ironisch kommentiert als den „längsten Toaste seines Lebens" (S. 108, Z. 9). Der Leser kennt Baron Osten bereits (vgl. Kapitel 7), er weiß, dass dieser Botho eindringlich ermahnt hat, Käthe von Sellenthin zu heiraten, von der er ausdrücklich ihren Reichtum und ihr Aussehen hervorhebt. Der Leser kann sich also vorstellen, auch wenn der Erzähler ihm dies nicht mitteilt, dass Baron Osten Botho nicht zu einer Liebesheirat gratuliert, sondern die Vorteile der Heirat im Vordergrund standen. Im zweiten Teil des Satzes zitiert der Erzähler die Hochzeitsanzeige im

„Kreuzblatt", einer konservativen, vor allem in Adelskreisen viel gelesenen Zeitung. Die Anzeige ist sprachlich sehr formal gestaltet, verfasst in einem gestelzten Stil, der nicht der üblichen Sprechweise Bothos, wohl aber den sprachlichen Gepflogenheiten seines Standes entspricht. Auch in der Anzeige spielt der Begriff „Liebe" keine Rolle. Insgesamt erweckt der Bericht des Erzählers nicht den Eindruck einer stimmungsvollen Hochzeitsfeier, sondern eher einer formal gestalteten Veranstaltung. So vermeidet der Erzähler auch den Begriff Hochzeitsfeier und spricht stattdessen von „Verheiratung" (S. 108, Z. 1). Diese Passiv-Formulierung deutet darauf hin, dass es sich um eine arrangierte Heirat handelt, nicht um eine Liebesheirat. Dem Leser wird damit schon sehr früh angedeutet, dass die Ehe zwischen Botho und Käthe wahrscheinlich nicht glücklich verlaufen wird.

Im zweiten Teil des Abschnitts berichtet der Erzähler davon, dass Lene von Bothos Hochzeit erfährt, indem ihr anonym die aus der Zeitung herausgeschnittene Hochzeitsanzeige zugeschickt wird. Der Erzähler macht deutlich, dass diese Nachricht Lene sehr wohl trifft, wodurch noch einmal ihre aufrichtige Liebe zu Botho hervorgehoben wird. Er vermutet, dass der Brief von einer neidischen Kollegin stammt, die Lene in der Anschrift als „Hochwohlgeboren" (S. 108, Z. 25) bezeichnet. Diese ironische Bezeichnung verweist darauf, dass Lene unterstellt wird, sich für etwas Besseres zu halten und die Beziehung zu Botho nur deshalb eingegangen zu sein, um den sozialen Aufstieg zu schaffen. Der Leser weiß, dass es Lene darum nicht gegangen ist, und so kann er nachvollziehen, dass Lenes Kummer durch diesen „Extraschabernack" (S. 118, Z. 26), wie der Erzähler den Vorgang kommentiert, eher gemindert wird. Später aber wird sie, als sie Botho und Käthe vermeintlich glücklich miteinander sieht, einen Zusammenbruch erleiden (vgl. S. 113 ff.).

Insgesamt kann man feststellen, dass der Bericht über Bothos und Käthes Heirat nicht den Eindruck beim Leser erweckt, dass hier eine glückliche Liebesbeziehung eingegangen wird. Dieser Eindruck wird sich im Übrigen wiederholen, wenn der Erzähler über Lenes Heirat berichtet (vgl. Kapitel 26). Angedeutet wird damit, dass weder Botho noch Lene nach ihrer Trennung das rechte Lebensglück finden.

Abschnitt II   Im zweiten Abschnitt des Textauszugs findet ein Zeit- und Raumwechsel statt. Im Zentrum des Abschnitts steht ein Gespräch zwischen Botho und Käthe, das im Zug auf der Rückfahrt ihrer Hochzeitsreise von Dresden nach Berlin stattfindet. Dem Gespräch voran geht ein auktorial verfasster Erzählerbericht, in dem der Erzähler dem Leser einen Einblick in die Beziehung von Botho und Käthe gewährt. Das Gespräch selbst dient der Bestätigung der Aussagen des Erzählers.

Der Erzähler berichtet zunächst, dass Botho durchaus zufrieden ist mit seiner Beziehung, da Käthe stets gut gelaunt zu sein scheint (vgl. S. 109, Z. 4 ff.). Dann jedoch schränkt er ein, dass Botho Bedenken hat und er ein „Unbehagen" fühlt (S. 109, Z. 15 f.). Dieses Unbehagen begründet der Erzähler mit Bothos Wahrnehmung, dass Käthe offensichtlich sehr oberflächlich der Welt begegnet, indem sie „lediglich am Kleinen und Komischen hing" (S. 109, Z. 18 f.). Man muss dabei berücksichtigen, dass dem Leser hier zum ersten Mal Käthe direkt begegnet, nachdem im ersten Teil des Romans lediglich Figuren über sie gesprochen haben. Dem Leser wird deutlich, dass mit diesem Charakterzug der Oberflächlichkeit Käthe zu einer Gegenfigur zu Lene wird, von der Botho besonders ihre „Unredensartlichkeit" hervorhebt, also das aufrichtige, ernsthafte Sprechen. Angedeutet wird damit dem aufmerksamen Leser, dass sich Botho nicht von Lene lösen können wird.

Das sich anschließende Gespräch dient nun der Bestätigung dieses Charakterzugs Käthes. Auf Bothos Frage, was ihr am besten in Dresden gefallen habe, nennt diese keine Beispiele der an Kunstwerken und imposanten Gebäuden reichen Stadt, sondern eine Konditorei und Kuriositäten, die sie als „komisch" empfunden hat. Den Begriff „komisch" benutzt sie in dem Gespräch dreimal zur Charakterisierung ihrer Wahrnehmung. Somit scheint sich der Eindruck, den der Erzähler über Käthe geäußert hat, in dem Gespräch mit Botho zu bestätigen. Diese Vorgehensweise des Erzählers, dass er zunächst selbst eine Charakterisierung einer Figur oder einer Situation vornimmt, um sie anschließend durch ein Gespräch zu bestätigen, gehört zu der typischen Erzählweise Fontanes.

Schaut man jedoch noch einmal genauer hin, dann zeigt sich, dass Käthe zumindest in ihrer Wahrnehmung Bothos nicht so oberflächlich ist, wie Botho annimmt. So scheint sie z. B. zu spüren, dass dieser nicht mit vollem Herzen bei ihr ist. Darauf deutet ihre vordergründig neckische Aussage, dass das am besten sei, „was man sich erobern muss" (S. 110, Z. 7 f.), was als Anspielung darauf zu verstehen ist, dass sie sich auch Botho erst noch erobern muss. Und dann gibt sie am Ende des Gesprächs vor, müde zu sein, und schließt die Augen. Der Erzähler berichtet aber, dass sie ihre Augen nicht vollständig schließt, sondern „zwischen den Wimpern hin nach dem geliebten Manne" (S. 111, Z. 8 f.) hinübersieht. Sie beobachtet Botho also, was auch als Zeichen für ein zumindest unbewusst vorhandenes Misstrauen gedeutet werden kann.

Ähnlich wie beim ersten Abschnitt des Textauszugs finden sich für den Leser also auch im zweiten Abschnitt einige Anspielungen darauf, dass Botho in der Ehe mit Käthe nicht sein Lebensglück finden wird.

Solche Anspielungen lassen sich auch im letzten Abschnitt des Textauszugs finden. Die Wohnung, die Botho und Käthe beziehen, ist von Käthes Mutter eingerichtet worden, nicht von dem Ehepaar selbst – so wie zumindest Botho nicht

Abschnitt III

freiwillig die Ehe eingegangen ist. Sie weist zwar einen Kamin auf, der aber „nur des Anblicks und des Luftzuges halber" (S. 111, Z. 18f.) brennt. Er hat also nicht die Funktion,
Wärme zu spenden. Dies kann als Anspielung darauf verstanden werden, dass auch zwischen Botho und Käthe die
Wärme fehlen wird, ihr Verhältnis also distanziert bleibt. Zur
Frontseite hin hat die Wohung einen Balkon, der damit von
der Öffentlichkeit einsehbar ist. Dies zeigt, dass Botho und
Käthe sich als standesgemäßes Paar in der Öffentlichkeit zeigen dürfen, was Botho und Lene verwehrt geblieben ist.
Von dem Balkon aber ist der Turm der dörrschen Gärtnerei
zu sehen. Botho wird also, wann immer er den Balkon be-
tritt, an Lene erinnert werden – eine Anspielung darauf, dass
er sich auch innerlich nicht von ihr lösen können wird.

Schluss   Abschließend sollen nun die Ergebnisse der Analyse unter
dem Aspekt des poetischen Realismus, wie Fontane ihn verstanden hat, zusammengefasst werden. Fontane hat für
sein Literaturverständnis eine zentrale Metapher benutzt,
nach der das reale Leben einen Marmorsteinbruch darstellt,
aus dem der Künstler einen Block heraussucht und ihn dann
bearbeitet. Realistisch zu schreiben bedeutet für Fontane
also nicht eine bloße Wiedergabe der Realität, sondern eine
künstlerisch bearbeitete Wiedergabe der Realität.

Übertragen auf den Roman heißt das, dass Fontane aus
dem Marmorsteinbruch des Lebens die unstandesgemäße
Beziehung und ihr Scheitern heraussucht und diese nun
mit künstlerischen Mitteln darstellt. Dass ein adeliger Offizier auf seine Liebesbeziehung zugunsten einer standesge-
mäßen Verbindung verzichtet, entspricht sicherlich der
Realität des ausgehenden 19. Jahrhunderts. Die künstlerische Gestaltung liegt nun u. a. darin, dass Fontane seinen
Erzähler zwar die Handlung nicht direkt kommentieren
lässt, dieser dem Leser aber in Form unterschiedlicher Andeutungen zu verstehen gibt, dass mit der Aufgabe der
Liebesbeziehung auch ein Stück des Lebensglücks aufge-

geben wird. Die hier analysierte Textstelle ist reich an solchen Anspielungen. Der Leser muss nun für sich entscheiden, ob er die Einbuße an Lebensglück bedauert oder als notwendig empfindet, um die Geltung der gesellschaftlichen Konventionen zu wahren.

Beispielanalyse (aspektgeleitet)

S. 32 („Wirklich, der Mond ...") – S. 35 („... und hatte bloß mürrische Gedanken.")

Aufgabe: Analysieren (beschreiben und deuten) Sie den vorliegenden Textauszug aus Fontanes Roman „Irrungen, WIrrungen".

Der vorliegende Textauszug stammt aus dem Roman „Irrungen, Wirrungen" von Theodor Fontane, der zunächst 1887 als Fortsetzungsroman mit dem Untertitel „Eine Berliner Alltagsgeschichte" in der „Vossischen Zeitung" abgedruckt wurde, bevor er 1888 in Buchform ohne den Untertitel erschien.

Der Roman thematisiert die Spannung zwischen der Macht der gesellschaftlichen Konventionen und den Ansprüchen der Induviduen auf persönliches Glück. Aufgezeigt wird diese Spannung am Scheitern der unstandesgemäßen Beziehung zwischen der Weißzeugstickerin Lene Nimptsch und dem adeligen Offizier Botho von Rienäcker und an dem weiteren getrennten Lebensweg des Paares, das zwar neue standesgemäße Partnerschaften eingeht, sein Lebensglück aber in ihnen nicht findet.

Der zu analysierende Textauszug stammt aus dem ersten Teil des Romans und zeigt für den Leser zum ersten Mal ein Gespräch, das Lene und Botho unter vier Augen führen. Sie befinden sich auf einem Spaziergang nach einem gemein-

Einleitung

Einordnung des Textauszugs in den Roman

sam mit Lenes Mutter und dem Ehepaar Dörr, den Besitzern der Gärtnerei, auf deren Gelände Lene und ihre Mutter wohnen, verbrachten Abend. Der Spaziergang führt die beiden auf das Gärtnereigelände, das für die Öffentlichkeit nicht einsichtig ist. Das Gespräch selbst dreht sich, ohne dass das Thema von beiden bewusst angesprochen wird, um die Zukunft ihrer Beziehung.

Untersuchungs-
aspekte

Im Folgenden wird die unterschiedliche Art und Weise untersucht, wie Lene und Botho mit der Problematik ihrer unstandesgemäßen Beziehung umgehen. Im Fokus stehen dabei Lenes Realitätssinn, aber auch ihre hedonistische Einstellung, und Bothos Kommunikationsverhalten, das zeigt, dass er die Problematik weitgehend verdrängt. Weiterhin untersucht wird der Erzählerbericht als ein Beispiel für die Erzählweise des poetischen Realismus. Abschließend erfolgt eine zusammenfassende Deutung des Textauszugs.

Aspekt I:
Lenes Realitäts-
sinn und ihre
hedonistische
Einstellung

Ein wesentlicher Charakterzug Lenes, der in dem Gespräch deutlich wird, ist ihr Realitätssinn, was die Zukunft der Beziehung angeht. Ihr ist bewusst, dass ihre Beziehung zu Botho keinen Bestand haben wird. Sie führt dazu zwei Gründe an: Bothos Schwäche und die Stärke der Kräfte, die auf ihn einwirken (vgl. S. 34, Z. 30 ff.). Sie spürt durchaus, dass Botho sie aufrichtig liebt. Sie erkennt aber auch, dass er nicht in der Lage sein wird, sich gegen die Kräfte durchzusetzen, die sein Handeln bestimmen. Als diese Kräfte macht Lene namhaft: „Und der Stärkre … ja, wer ist dieser Stärkre? Nun, entweder ist's deine Mutter oder das Gerede der Menschen oder die Verhältnisse. Oder vielleicht alle drei …"(S. 34, Z. 32 ff.) Lene nennt an erster Stelle Bothos Mutter, von der ihrer Meinung nach eine Gefahr für die Beziehung ausgeht. Sie hat schon am Anfang dieser Gesprächsphase zugegeben, Bothos Mutter zu fürchten, ohne aber zunächst dafür einen konkreten Grund anzugeben (vgl. S. 33, Z. 20 f.). Später führt sie dann die Annahme an, dass sich Bothos Mutter um das Glück ihres Sohnes Sorgen

mache, d. h. darum, dass er eine „reiche Partie[]" eingehe
(S. 34, Z. 10 f.). Damit ist für Lene klar, dass sie als Angehö-
rige des vierten Standes in den Augen der Mutter keine
Rolle für das Glück ihres Sohnes spielen kann.

Der Leser kann an dieser Stelle noch nicht erkennen, wie
recht Lene mit der Vermutung hat, dass die Mutter tatsächlich auf Botho einwirken wird. Er kann ebenfalls noch nicht
konkret einschätzen, welche „Verhältnisse" es sein können,
die die Beziehung bedrohen. Erst in den nächsten Kapiteln
wird von dem Erzähler aufgedeckt, dass sowohl Botho als
auch seine Familie in finanziellen Schwierigkeiten stecken,
wobei Botho einen Lebensstil führt, der über seine finanziellen Möglichkeiten hinausgeht, sodass er von finanziellen
Zuwendungen seines Onkels abhängig ist. Seine Mutter
und sein Onkel haben deshalb frühzeitig eine Heirat mit der
Tochter einer vermögenden adeligen Familie arrangiert. Sowohl der Onkel in dem Gespräch, das in dem Restaurant
Hiller stattfindet (vgl. Kapitel 7), als auch die Mutter in ihrem
Brief (vgl. Kapitel 14) üben starken Druck auf Botho aus,
dieser Heirat zuzustimmen. Und er wird sich auch wider-
standslos diesem Druck ergeben, nachdem seine Beziehung
mit Lene öffentlich geworden ist (vgl. die Ereignisse in Hankels Ablage, S. 85 ff.). So wird dem Leser also im Nachhinein
verdeutlicht, wie realistisch Lene bei der Einschätzung ist, ob
ihre Beziehung mit Botho eine wirkliche Chance hat.

Zu Lenes Realitätssinn gehört auch ihre treffende Einschätzung Bothos. Sie erkennt, dass er sich den Ansprüchen, die
an ihn gestellt werden, nicht widersetzen wird. Bothos
Nachfrage, wieso sie seine Mutter fürchte, deutet sie sofort
als seine Furcht, sie könne zu seiner Mutter gehen und die
Beziehung offenlegen. Und sie erkennt weiterhin, dass
Botho ein recht oberflächliches Leben führt, in dem für
Ernsthaftigkeiten kein Platz ist. Mit einer für sie gar nicht so
typischen Bitterkeit weist sie Botho zurecht: „Ihr kennt ja
nur euch und euren Klub und euer Leben. Ach, das arme

bisschen Leben." (S. 35, Z. 12 ff.) Sie ahnt also schon, dass Botho nicht bereit sein wird, für sie und für ihr gemeinsames Lebensglück zu kämpfen.

Neben ihrem Realitätssinn wird aber auch Lenes hedonistische Einstellung deutlich. Obwohl sie weiß, dass die Beziehung keine Zukunft hat, beendet sie sie nicht, sondern genießt jede Stunde, die sie gemeinsam mit Botho verbringen kann. Und deswegen wird sie auch dem gemeinsamen Ausflug zu Hankels Ablage zustimmen, wo dann die Beziehung ihr Ende findet. Auch nach dem Ende der Beziehung wird Lene die Zeit mit Botho nicht bereuen: „Wenn man schön geträumt hat, so muss man Gott dafür danken und darf nicht klagen, dass der Traum aufhört und die Wirklichkeit wieder anfängt." (S. 106, Z. 11 ff.)

In diesem Zitat wird ein weiterer Aspekt in Lenes Sichtweise der Beziehung deutlich, der auch in dem zu analysierenden Textauszug zur Sprache kommt: Lene gestattet sich trotz ihres Sinns für die Realität durchaus Träume einer gemeinsamen Zukunft mit Botho. Und diese Träume sind für sie von großer Bedeutung. Sie gesteht Botho: „Weißt du, Botho, wenn ich dich so nehmen und mit dir die Lästerallee drüben auf und ab schreiten könnte […] – ja, Botho, was glaubst du wohl, was ich dafür gäbe?" (S. 35, Z. 6 ff.) Auch hier kann der Leser letztlich noch nicht vollends ermessen, welche Bedeutung diese Träume und damit die Beziehung zu Botho für Lene haben. Erst ihr Zusammenbruch macht dies deutlich, als sie nach der Trennung Botho und Käthe zusammen auf der Straße sieht, beide in offensichtlich gelöster Stimmung. Die Begegnung hinterlässt bei ihr eine weiße Haarsträhne auf der linken Hälfte ihres Scheitelhaars, was Frau Dörr zu dem Kommentar veranlasst: „Un grade links. Aber natürlich … da sitzt es ja … links muss es ja sein." (S. 122, Z. 25 f.)

Aspekt II:
Bothos Kommuni-
kationsverhalten

Botho zeigt in dem Gespräch mit Lene ein für ihn typisches Kommunikationsverhalten. Solange es um unverbindliche

Themen geht, beherrscht er einen perfekten Plauderton, z. B., wenn er von seiner Mutter erzählt und seiner Jugend (vgl. S. 33, Z. 8 ff.). Sobald Lene aber auf die Zukunft ihrer Liebe zu sprechen kommt, wird Botho sehr einsilbig. Er beteuert zwar durchaus glaubhaft seine Liebe zu Lene (vgl. S. 34, Z. 25), setzt ihren Bedenken aber nichts entgegen, sondern schüttelt nur den Kopf (vgl. S. 34, Z. 18). Auf ihre Kritik an seinem Lebensstil und dem seines Standes antwortet er nur mit der Bitte an sie zu schweigen (vgl. S. 35, Z. 15). Er setzt sich also offensichtlich nicht mit den Vorhaltungen, die Lene ihm macht, auseinander. Dieses Verhalten der Konfliktvermeidung wird er auch in den späteren Gesprächen immer wieder zeigen. So ist er z. B. lange Zeit nicht in der Lage, seiner späteren Frau Käthe von der Liebesbeziehung zu erzählen, obwohl sie sehr wohl ahnt, dass ihn eine solche vergangene Beziehung beschäftigt (vgl. Bothos Reaktion, als Käthe das verbrannte Papier im Kamin entdeckt und zurecht vermutet, dass Botho Liebesbriefe verbrannt hat; vgl. S. 175, Z. 30 ff.). Dem Leser wird an späterer Stelle verdeutlicht, wie wenig Botho sich tatsächlich ernsthaft damit auseinandergesetzt hat, eine gemeinsame Zukunft mit Lene zu gestalten. Als er den Brief seiner Mutter erhält, sagt er zu sich selbst: „Dacht ich's doch … Ich weiß schon, eh ich gelesen. Arme Lene." (S. 97, Z. 4 f.) Insbesondere der Zusatz „Arme Lene" macht deutlich, wie wenig Botho tatsächlich bereit ist, für eine gemeinsame Zukunft mit Lene zu kämpfen. Er bestätigt damit Lenes Einschätzung seiner Schwäche. Insgesamt hinterlässt das Gespräch beim Leser den Eindruck, dass Lenes und Bothos Beziehung keine Zukunft haben wird. Zu diesem Eindruck tragen sowohl Lenes realistische Einschätzung als auch Bothos Verstummen auf ihre Einschätzung bei. Aber auch der Erzählerbericht trägt dazu bei. Es wurde schon erwähnt, dass der Spaziergang des Paares auf dem Gelände der Gärtnerei stattfindet, das von der Straße her, also von der Öffentlichkeit, nicht einsehbar

Aspekt III:
Der Erzählerbericht als Beispiel für die Erzählweise des poetischen Realismus

ist. Gleich zu Beginn des zu analysierenden Textauszugs verweist der Erzähler darauf, dass der Mond über dem Elefantenhaus im Zoologischen Garten steht, er beleuchtet sozusagen das Elefantenhaus in der dunklen Nacht. Der Zoologische Garten ist ein Leitmotiv des Romans. Er ist der Ort, an dem viele Menschen aller Schichten zusammentreffen, der aber Lene und Botho als Liebespaar verwehrt ist. Der Erzähler lässt also keinen Zweifel daran, dass auch in der Abgeschiedenheit der Gärtnerei die Öffentlichkeit durchaus präsent ist. Und genau in dem Moment, als Lene ihre Gewissheit äußert, dass Botho zu schwach ist, um dem Druck standzuhalten, der auf ihn ausgeübt wird, berichtet der Erzähler, dass im Zoologischen Garten ein Feuerwerk gezündet wird. Dies kann so gedeutet werden, dass die Öffentlichkeit sich sowohl akustisch als auch optisch zu erkennen gibt, dass es also keine Chance für Lene und Botho geben wird (vgl. S. 34, Z. 36 ff.). Es handelt sich hierbei um ein typisches Beispiel für die Erzählweise Fontanes: Der Erzähler selbst hält sich völlig zurück in der direkten Kommentierung des Geschehens, er spielt auch nicht explizit auf zukünftiges Geschehen an. Das, was er aber erzählt, hat nicht nur die Funktion, ein möglichst realistisches Bild vom Geschehen zu geben, sondern es hat eine symbolische Funktion, die von dem aufmerksamen Leser als indirekter Hinweis verstanden werden kann, dass die heimlich geführte Beziehung sehr wohl durch die Öffentlichkeit entdeckt werden kann. Dies tritt ja im Verlauf der Handlung wirklich ein, als Lene und Botho bei ihrem Ausflug zu Hankels Ablage auf Bothos Kameraden und ihre „Damen" treffen. Die symbolische Aufladung eines äußeren Handlungsgeschehens ist ein typisches Element der Erzählweise des poetischen Realismus.

Schluss Insgesamt zeigt sich, dass im Textauszug typische Charakterzüge von Lene und Botho deutlich werden: Lenes Realitätssinn, ihre hedonistische Einstellung und ihre geheimen

Träume von einer gemeinsamen Zukunft sowie Bothos Unfähigkeit, sich ernsthaft mit der Zukunft seiner Beziehung
zu Lene auseinanderzusetzen. Der Textauszug verdeutlicht
damit ein wesentliches Merkmal des Literaturverständnisses Fontanes. Er verneint ein idealistisches Menschenver-
ständnis, das von der Literatur der Klassik vertreten wurde,
nach dem der Mensch in der Lage ist, sittlich autonom
auch gegen die Ansprüche der Mächtigen zu handeln.
Fontane zeigt dagegen vor allem in der Figur Bothos, wie
sehr der Mensch in der Moderne von den ihn umgeben-
den gesellschaftlichen Strukturen abhängig ist und gleichzeitig unter dieser Abhängigkeit leidet. Und auch Lene
sieht keine Chance, sich gegen die gesellschaftlichen
Machtstrukturen aufzulehnen. Sie unternimmt keinerlei
Versuch, Botho zu überreden, sich gegen die gesellschaftlichen Strukturen zu stellen. Von da aus lässt sich als eine
mögliche Intention des Romans der Appell ableiten, zwar
nicht die gesellschaftlichen Konventionen als Ganzes abzu-
schaffen, wohl aber ihre Macht einzuschränken.

Der Blick auf die Prüfung: Themenfelder

Dieses Kapitel dient zur unmittelbaren Vorbereitung auf die Prüfung: Schulaufgabe bzw. Klausur oder schriftliche bzw. mündliche Abiturprüfung. Die wichtigsten Themenfelder werden in einer übersichtlichen grafischen Form dargeboten. Außerdem verweist eine kommentierte Liste mit Internetadressen auf mögliche Quellen für Zusatzinformationen im Netz. Abschließend finden Sie eine Liste mit weiterführenden Literaturangaben.

Die schematischen Übersichten können dazu genutzt werden,

- die wesentlichen Deutungsaspekte des Romans kurz vor der Prüfungssituation im Überblick zu wiederholen,
- die Kerngedanken des Romans nochmals selbstständig zu durchdenken und
- mögliche Verständnislücken nachzuarbeiten.

Zum Verständnis der Schemata ist die Kenntnis der vorangegangenen Kapitel unerlässlich. Die folgende Schwerpunktsetzung beruht auf Erfahrungen aus jahrelanger Prüfungspraxis. Die Übersicht III (Vergleichsmöglichkeiten mit anderen literarischen Werken, S. 171) soll als Anregung dienen, um den eigenen Lektürekanon auf möglicherweise interessante Vergleichspunkte hin zu prüfen.

Übersicht I: „Irrungen, Wirrungen" als Roman des poetischen Realismus

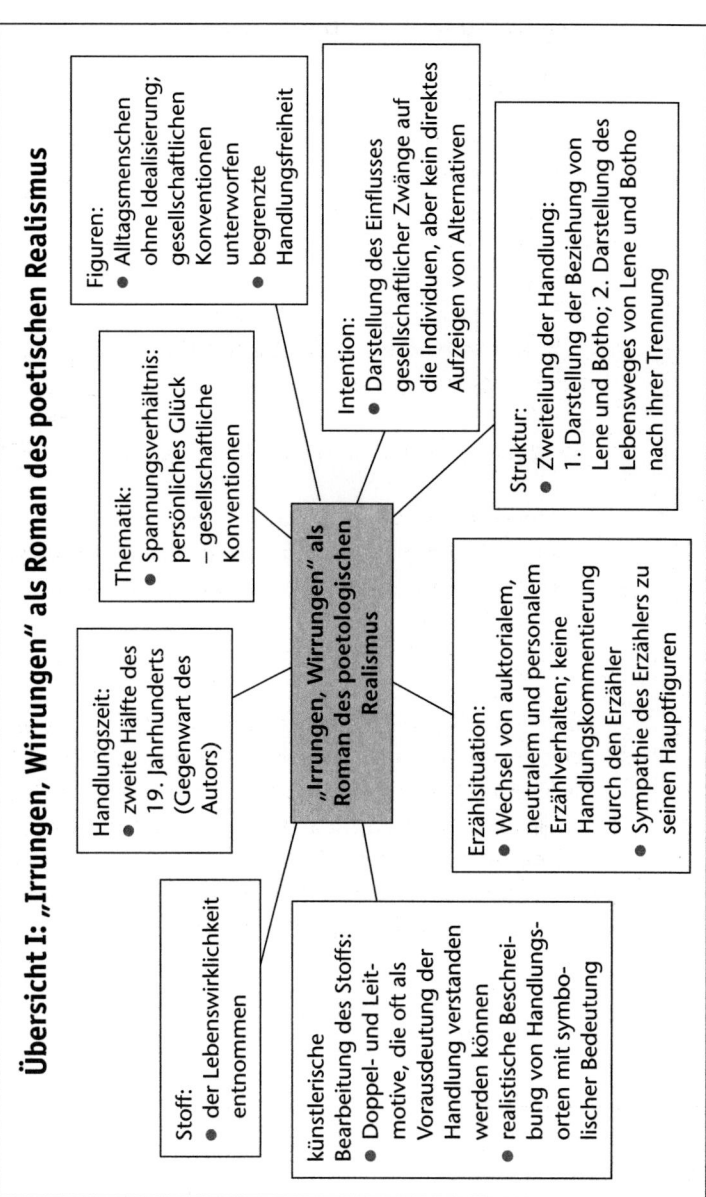

Figuren:
- Alltagsmenschen ohne Idealisierung; gesellschaftlichen Konventionen unterworfen
- begrenzte Handlungsfreiheit

Intention:
- Darstellung des Einflusses gesellschaftlicher Zwänge auf die Individuen, aber kein direktes Aufzeigen von Alternativen

Thematik:
- Spannungsverhältnis: persönliches Glück – gesellschaftliche Konventionen

Struktur:
- Zweiteilung der Handlung: 1. Darstellung der Beziehung von Lene und Botho; 2. Darstellung des Lebensweges von Lene und Botho nach ihrer Trennung

Handlungszeit:
- zweite Hälfte des 19. Jahrhunderts (Gegenwart des Autors)

„Irrungen, Wirrungen" als Roman des poetologischen Realismus

Stoff:
- der Lebenswirklichkeit entnommen

künstlerische Bearbeitung des Stoffs:
- Doppel- und Leitmotive, die oft als Vorausdeutung der Handlung verstanden werden können
- realistische Beschreibung von Handlungsorten mit symbolischer Bedeutung

Erzählsituation:
- Wechsel von auktorialem, neutralem und personalem Erzählverhalten; keine Handlungskommentierung durch den Erzähler
- Sympathie des Erzählers zu seinen Hauptfiguren

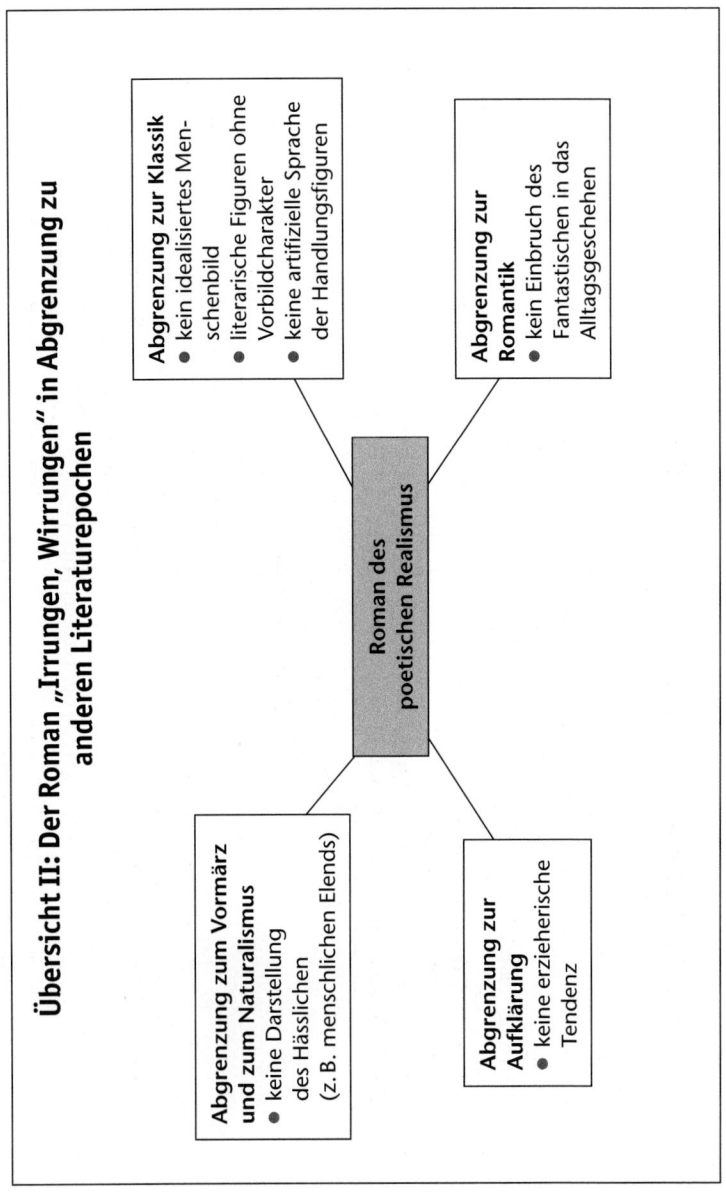

Übersicht II: Der Roman „Irrungen, Wirrungen" in Abgrenzung zu anderen Literaturepochen

Roman des poetischen Realismus

Abgrenzung zur Klassik
- kein idealisiertes Menschenbild
- literarische Figuren ohne Vorbildcharakter
- keine artifizielle Sprache der Handlungsfiguren

Abgrenzung zur Romantik
- kein Einbruch des Fantastischen in das Alltagsgeschehen

Abgrenzung zum Vormärz und zum Naturalismus
- keine Darstellung des Hässlichen (z. B. menschlichen Elends)

Abgrenzung zur Aufklärung
- keine erzieherische Tendenz

Übersicht III: Vergleichsmöglichkeiten mit anderen literarischen Werken

Theodor Fontane: „Irrungen, Wirrungen"

Motive

- Scheitern einer Beziehung an gesellschaftlichen Moralvorstellungen (z. B. in Lessing: „Emilia Galotti"; Schiller: „Kabale und Liebe"; Hebbel: „Maria Magdalena"; Keller: „Romeo und Julia auf dem Dorfe"; Márquez: „Chronik eines angekündigten Todes")
- Suche nach Glück in der Liebe (z. B. in Goethe: „Faust I"; Hoffmann: „Der goldne Topf"; Frisch: „Homo faber"; Stamm: „Agnes"; Green: „Das Schicksal ist ein mieser Verräter")

Figuren

- Frauen in der Gesellschaft (z. B.: Sophokles: „Antigone", Lessing: „Emilia Galotti"; Goethe: „Iphigenie auf Tauris"; Goethe: „Faust I"; Fontane: „Effi Briest"; Ibsen: „Nora oder Ein Puppenheim"; Dürrenmatt: „Der Besuch der alten Dame")
- Männer in Beziehungen (z. B. Schiller: „Kabale und Liebe"; Goethe: „Die Leiden des jungen Werthers"; Frisch: „Homo faber")

Erzählsituation im Vergleich

- deutlich auktoriales Erzählverhalten (z. B. Hoffmann: „Der goldne Topf")
- personales Erzählverhalten (z. B. Kafka: „Die Verwandlung")
- Ich-Erzählung (z. B. Frisch: „Stiller")

Fontanes Literaturverständnis im Vergleich

- mit einem Werk der Klassik (z. B. Goethe: „Wahlverwandtschaften")
- mit einem Werk der Romantik (z. B. Hoffmann: „Der Sandmann")
- mit einem Werk der Gegenwart (z. B. Hermann: „Sommerhaus, später")

Internetadressen

Unter diesen Internetadressen kann man sich zusätzlich informieren:

http://blog.zeit.de/schueler/2014/literatur-des-realismus
(Informationen über die Literaturepoche des Realismus)

www.xlibris.de
(Informationen über die Literaturepoche des Realismus, die Biografie Fontanes und über seine Werke)

www.fontane-gesellschaft.de
(ausführliche Biografie Fontanes)

http://gutenberg.spiegel.de/buch/irrungen-wirrungen-4457/1
(digitalisierter Abdruck des Romans mit der Möglichkeit der Suche nach Begriffen)

www.luise-berlin.de/lesezei/blz01_05/text03.htm
(informativer Vortrag von Joachim Kleine (2001): „Irrungen, Wirrungen im Romanschaffen Theodor Fontanes")

http://literaturlexikon.uni-saarland.de/index.php?id=5630
(Kurzporträts der im Roman auftretenden Figuren)

(Stand: 29.04.2016)

Literatur

Textausgabe

Theodor Fontane: Irrungen, Wirrungen, hrsg. von Johannes Diekhans, erarbeitet von Michael Fuchs. Paderborn: Schöningh [17]2012

Weitere Literatur

Aust, Hugo: Literatur des Realismus. Stuttgart/Weimar 2000

Betz, Frederik: Erläuterungen und Dokumente. Theodor Fontane: Irrungen, Wirrungen. Stuttgart 1979

Friedrich, Gerhard: Die Frage nach dem Glück in Fontanes ‚Irrungen, Wirrungen'. In: Der Deutschunterricht, Jg. 11, 1959, Heft 4, S. 76–87

Grawe, Christian/Nürnberger, Helmuth (Hg.): Fontane-Handbuch. Stuttgart 2000

Hettche, Walter: Irrungen, Wirrungen. In: Grawe, Christian: Fontanes Novellen und Romane. Stuttgart 1991, S. 136–156

Kleinpaß, Susanne: Theodor Fontane. Literatur kompakt, Band 2. Marburg 2012, S. 98–115

Mende, Dirk: „Dann lebt man ohne Glück" – Ein Nachwort. In: Fontane, Theodor: Irrungen, Wirrungen. O.O. 1993, S. 168–207

Ohff, Heinz: Theodor Fontane. Leben und Werk. München 2002

Sollmann, Kurt: Theodor Fontane: Irrungen, Wirrungen. Frankfurt a. M. 1990

Notizen

Notizen

Notizen